Abecé
Visual

El Abecé
Visual de

LA TIERRA

Abecé
Visual

© de esta edición: 2013, Santillana USA Publishing
Company, Inc. 2023 NW 84th Ave, Doral FL 33122

Publicado primero por Santillana Ediciones Generales, S. L.
C/Torrelaguna, 60 - 28043 Madrid

Coordinación editorial: Área de Proyectos Especiales.
Santillana Ediciones Generales, S. L.

REDACCIÓN Y EDICIÓN
Marisa do Brito Barrote

ILUSTRACIÓN
Fernando San Martín

DISEÑO DE CUBIERTAS
Gabriela Martini y asociados

El abecé visual de La Tierra
ISBN: 978-84-9907-007-0

Printed in USA by Bellak Color, Corp.
20 19 18 17   2 3 4 5 6 7 8 9 10

Índice

¿**Cómo** se formó el planeta Tierra?

Al igual que el resto de los planetas del sistema solar, la Tierra surgió hace 4500 millones de años. Los astrónomos suponen que se formó al condensarse el polvo de la nebulosa solar. A ese material se le fueron agregando luego fragmentos de otros cuerpos planetarios: los asteroides, atraídos por la gravedad de nuestro planeta en formación, en un proceso conocido como *acreción*. Así, la Tierra fue creciendo hasta alcanzar un tamaño semejante al actual.

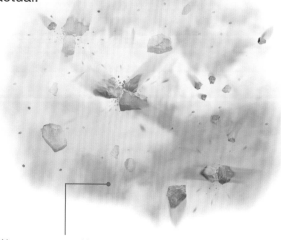

Nube de polvo cósmico de la nebulosa solar a altísimas temperaturas.

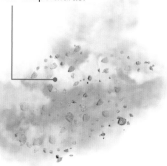

Al comenzar a enfriarse la nebulosa, hace 4500 millones de años, los materiales se condensaron y comenzaron a unirse entre sí hasta formar rocas de un tamaño cada vez mayor.

Desde hace unos 2500 millones de años, la atmósfera tenía unas características similares a las actuales y poco a poco la vida fue colonizando el planeta Tierra.

Cuando la temperatura de la Tierra disminuyó a menos de 100 °C (-148 °F), el vapor de agua de la atmósfera se condensó y cayó del cielo en forma de lluvia creando los océanos. Allí surgieron hace 3800 millones de años los primeros seres vivos: las bacterias.

Una vez conformado el pequeño planeta, su gravedad atrajo un bombardeo de meteoritos que aumentaron su masa y su temperatura a causa del rozamiento, lo que fundió los materiales.

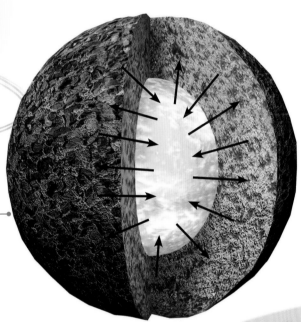

¿Qué es la densidad?

En la vida cotidiana, cuando decimos que algo es denso, nos referimos a que tiene mucho material. Sin embargo, la densidad es un valor constante que relaciona la masa de un material con el volumen que ocupa. Por ejemplo, 1000 g (35 oz) de agua pura ocupan un volumen de 1000 cm^3 (61 in^3), por lo que su densidad es de 1 g/cm^3 (0,5 oz/in^3). El aceite, en cambio, es menos denso: 1000 g (35 oz) ocupan un volumen mayor (1020 cm^3 [62 in^3]); su densidad, entonces, es de 0,98 g/cm^3 (0,56 oz/in^3).

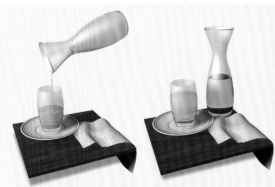

Al verter un poco de agua sobre aceite, esta desciende y el aceite queda encima de ella. Lo mismo ocurrió en nuestro planeta cuando los materiales más densos se desplazaron hacia el núcleo.

Como los gases son menos densos que los materiales fundidos del planeta, salieron expulsados y formaron la atmósfera primitiva. Esta se componía principalmente de dióxido de carbono y vapor de agua con proporciones menores de otros gases como óxido de azufre o argón.

Hace 4000 millones de años, nuestro planeta era una bola caliente sin agua ni atmósfera. Los materiales fundidos se dispusieron según su densidad: los más densos, como el hierro, en el núcleo, y los menos densos, como los silicatos, en la superficie.

Las bacterias generaron el oxígeno

Los estromatolitos constituyen las primeras comunidades de seres vivos. Estaban formados por bacterias y cianobacterias. Las cianobacterias fueron los primeros organismos fotosintéticos que comenzaron a aportar oxígeno a los océanos y posteriormente a la atmósfera.

Un estromatolito es una roca formada a partir de la acumulación de tapetes microbianos.

Cianobacterias actuales vistas al microscopio.

¿**Cómo** es la Tierra en la actualidad?

L a Tierra es un planeta muy singular. Su corteza es rocosa, pero bajo esa capa sólida hay otras cuya composición y estado varían considerablemente. Además, está protegida por una envoltura de aire que conforma la atmósfera y la mayor parte de su superficie se halla cubierta de agua.

La corteza es la capa más delgada de la Tierra. En los continentes, su grosor está entre los 30 y los 70 km. (18 y 43 mi) y, debajo de los océanos, hasta los 10 km (6.2 mi). En general, está formada por materiales livianos, como los silicatos.

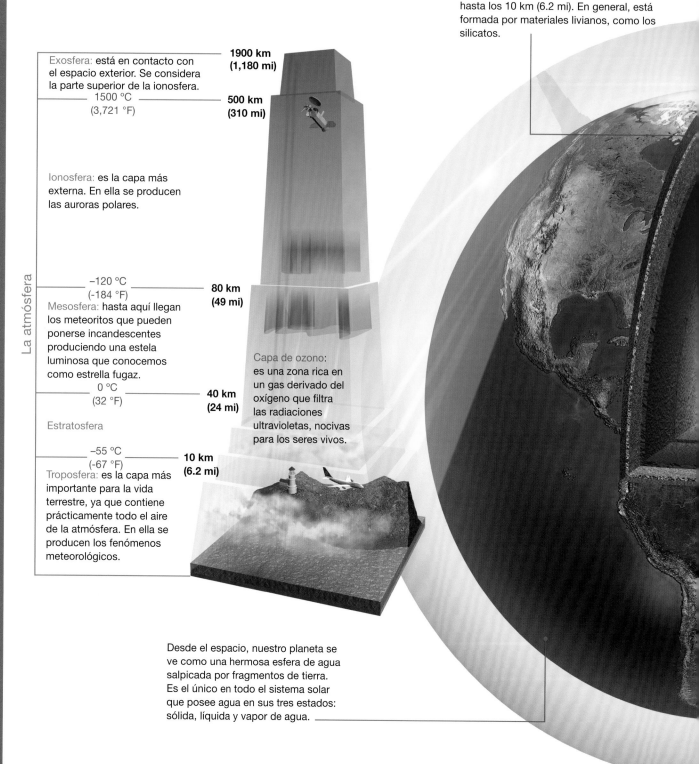

La atmósfera

Exosfera: está en contacto con el espacio exterior. Se considera la parte superior de la ionosfera.

1900 km (1,180 mi)

1500 °C (3,721 °F)

500 km (310 mi)

Ionosfera: es la capa más externa. En ella se producen las auroras polares.

−120 °C (-184 °F)

80 km (49 mi)

Mesosfera: hasta aquí llegan los meteoritos que pueden ponerse incandescentes produciendo una estela luminosa que conocemos como estrella fugaz.

Capa de ozono: es una zona rica en un gas derivado del oxígeno que filtra las radiaciones ultravioletas, nocivas para los seres vivos.

0 °C (32 °F)

40 km (24 mi)

Estratosfera

−55 °C (-67 °F)

10 km (6.2 mi)

Troposfera: es la capa más importante para la vida terrestre, ya que contiene prácticamente todo el aire de la atmósfera. En ella se producen los fenómenos meteorológicos.

Desde el espacio, nuestro planeta se ve como una hermosa esfera de agua salpicada por fragmentos de tierra. Es el único en todo el sistema solar que posee agua en sus tres estados: sólida, líquida y vapor de agua.

La forma de la Tierra

Los avances tecnológicos de la actualidad son otra forma de constatar que la Tierra tiene una forma casi esférica. Sin embargo, hace algunos siglos, cuando nadie había logrado dar una vuelta al mundo y no se habían inventado los satélites, algunas personas muy observadoras empezaron a pensar que la Tierra era redonda.

Una de las pistas de la redondez de la Tierra era el hecho de que los barcos, al alejarse, no solo se veían más pequeños, sino que parecían desaparecer en el horizonte. Esto únicamente podía explicarse si la superficie era curva.

¿Cómo sería la Tierra sin atmósfera?

La atmósfera es una envoltura gaseosa que permite la vida, porque contiene los gases que respiramos. Pero además protege a la Tierra de las radiaciones ultravioleta del Sol, que, si llegaran a atravesarla, ocasionarían enfermedades a los seres vivos y aumentarían la temperatura, y también actúa como un escudo ante el impacto de los meteoritos.

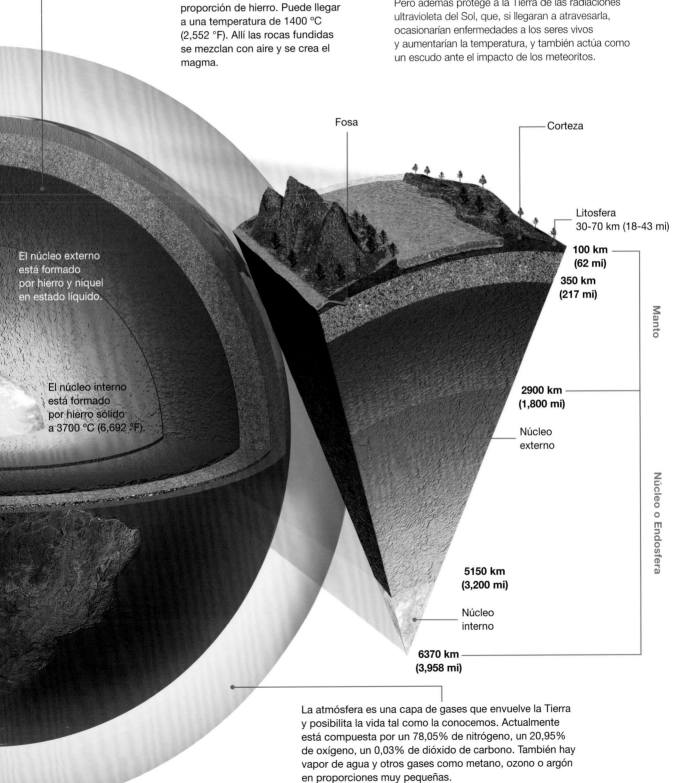

El manto tiene una mayor proporción de hierro. Puede llegar a una temperatura de 1400 °C (2,552 °F). Allí las rocas fundidas se mezclan con aire y se crea el magma.

El núcleo externo está formado por hierro y níquel en estado líquido.

El núcleo interno está formado por hierro sólido a 3700 °C (6,692 °F).

Fosa

Corteza

Litosfera
30-70 km (18-43 mi)

100 km (62 mi)

350 km (217 mi)

Manto

2900 km (1,800 mi)

Núcleo externo

5150 km (3,200 mi)

Núcleo interno

6370 km (3,958 mi)

Núcleo o Endosfera

La atmósfera es una capa de gases que envuelve la Tierra y posibilita la vida tal como la conocemos. Actualmente está compuesta por un 78,05% de nitrógeno, un 20,95% de oxígeno, un 0,03% de dióxido de carbono. También hay vapor de agua y otros gases como metano, ozono o argón en proporciones muy pequeñas.

¿**Por qué** se mueven los continentes?

Aunque pueda parecer que los mares y las montañas han estado siempre en el mismo lugar, la Tierra es un planeta vivo que no ha dejado de cambiar desde que surgió hace 4600 millones de años. De hecho, los continentes que hoy conocemos no siempre estuvieron situados en el lugar que ocupan en la actualidad, ya que se hallan en continuo movimiento. Este fenómeno se conoce como *tectónica de placas*.

¿Qué son las placas?

La corteza terrestre no está formada por una sola pieza, como una cáscara de naranja, sino por fragmentos que encajan entre sí, como si fuesen los parches de una pelota de fútbol gigantesca. Estos fragmentos se conocen como *placas litosféricas*. Casi la totalidad de la superficie está formada por siete placas que pueden estar compuestas solo de litosfera continental, solo por litosfera oceánica o por ambas.

Las fosas oceánicas

Las fosas oceánicas recorren los bordes de algunos continentes y archipiélagos. Son hendiduras que pueden llegar a tener más de 11 km (6.8 mi) de profundidad. Son zonas de subducción con intensa sismicidad y vulcanismo donde se destruye litosfera oceánica.

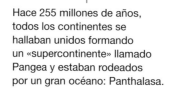

Hace 255 millones de años, todos los continentes se hallaban unidos formando un «supercontinente» llamado Pangea y estaban rodeados por un gran océano: Panthalasa.

Hace 150 millones de años, Pangea se dividió en dos enormes continentes: Laurasia (al norte) y Gondwana (al sur).

Esquema de una fosa

Fosa oceánica del Pacífico

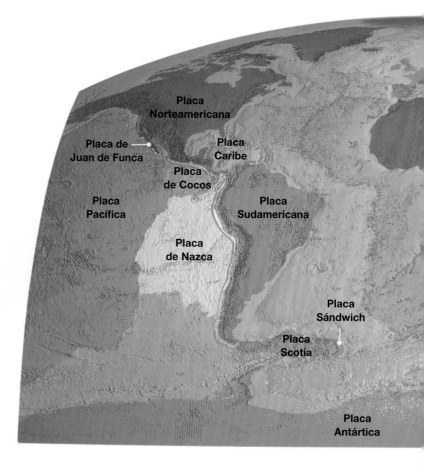

Placa Norteamericana

Placa de Juan de Funca

Placa Caribe

Placa de Cocos

Placa Pacífica

Placa Sudamericana

Placa de Nazca

Placa Sándwich

Placa Scotia

Placa Antártica

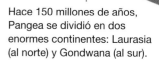

Pruebas de la deriva continental

Más allá de las semejanzas geométricas entre sus bordes, hacia 1920 Alfred Wegener proporcionó numerosos datos para demostrar que los continentes actuales estuvieron unidos hace 200 millones de años. Wegener llamó Pangea (del griego, *pan,* que significa «toda», y *gea*: «Tierra») al supercontinente, y Panthalasa (del griego, *thalassa*: «mar») al único océano que lo rodeaba. Su teoría se denominó *deriva continental.*

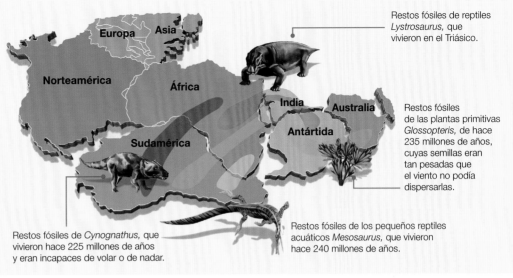

Europa
Asia
Norteamérica
África
India
Australia
Antártida
Sudamérica

Restos fósiles de reptiles *Lystrosaurus,* que vivieron en el Triásico.

Restos fósiles de las plantas primitivas *Glossopteris,* de hace 235 millones de años, cuyas semillas eran tan pesadas que el viento no podía dispersarlas.

Restos fósiles de *Cynognathus,* que vivieron hace 225 millones de años y eran incapaces de volar o de nadar.

Restos fósiles de los pequeños reptiles acuáticos *Mesosaurus,* que vivieron hace 240 millones de años.

Hace 65 millones de años, cuando se extinguieron los dinosaurios, la disposición de los continentes era parecida a la actual, pero India se hallaba separada de Asia.

Las dorsales

Las dorsales son similares a enormes cordilleras —pueden llegar a 2500 km (1,553 mi) de altura— que emergen del centro de los océanos y los recorren a lo largo de miles de kilómetros. Están formadas por cadenas de volcanes que emiten lava de forma continua a través de grietas. Son zonas de creación de litosfera oceánica y de expansión del fondo oceánico.

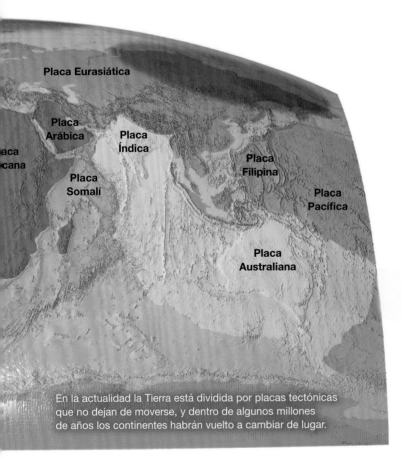

Placa Eurasiática
Placa Arábica
Placa Índica
aca cana
Placa Somalí
Placa Filipina
Placa Pacífica
Placa Australiana

En la actualidad la Tierra está dividida por placas tectónicas que no dejan de moverse, y dentro de algunos millones de años los continentes habrán vuelto a cambiar de lugar.

Esquema de una dorsal oceánica

Fosa dorsal atlántica

¿**Qué** son los volcanes?

La palabra volcán deriva del latín *Vulcano,* el dios del fuego en la mitología romana. Los volcanes son estructuras geológicas en las que la roca fundida y fragmentada por el calor que proviene del interior de la Tierra sale a la superficie a través de una abertura o cráter. Los volcanes ponen en contacto la superficie terrestre con los niveles más profundos de la corteza.

¿Cuándo se produce una erupción?

Cuando el magma del interior de la Tierra se acumula, la presión aumenta hasta que necesita salir. Entonces se abre paso por un conducto, la chimenea, y alcanza la superficie en forma de lava. Así se produce la erupción volcánica.

Cuando el magma sale a la superficie, se convierte en un material pastoso que ha perdido los gases en ebullición llamado *lava.*

El *cráter* es la abertura por donde sale la lava.

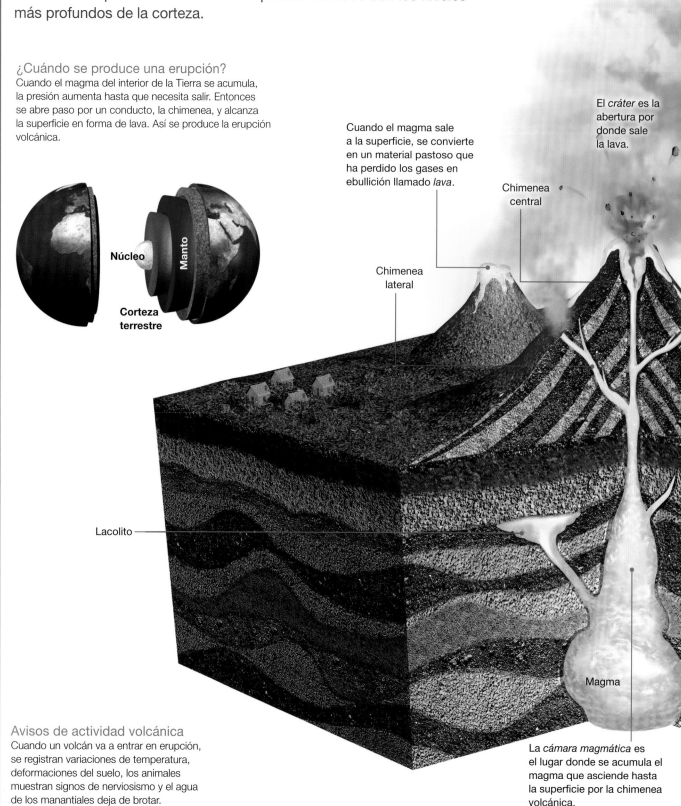

Núcleo

Manto

Corteza terrestre

Chimenea central

Chimenea lateral

Lacolito

Magma

La *cámara magmática* es el lugar donde se acumula el magma que asciende hasta la superficie por la chimenea volcánica.

Avisos de actividad volcánica

Cuando un volcán va a entrar en erupción, se registran variaciones de temperatura, deformaciones del suelo, los animales muestran signos de nerviosismo y el agua de los manantiales deja de brotar.

Algunos volcanes en actividad

El Etna, en Italia, es el mayor volcán activo de Europa. Tiene alrededor de 3340 m (10,958 ft) de altura y una edad aproximada de 300 000 años.

Volcán Villarica, en Chile. Tiene 2847 m (9,340 ft) de altura. Su cima es un inmenso cráter de unos 300 m (984 ft) de diámetro.

El principal volcán de Hawai, en actividad, es el Mauna Loa, cuya base está a 5000 m (16,400 ft) de profundidad y la cima a más de 4200 metros (13,700 ft).

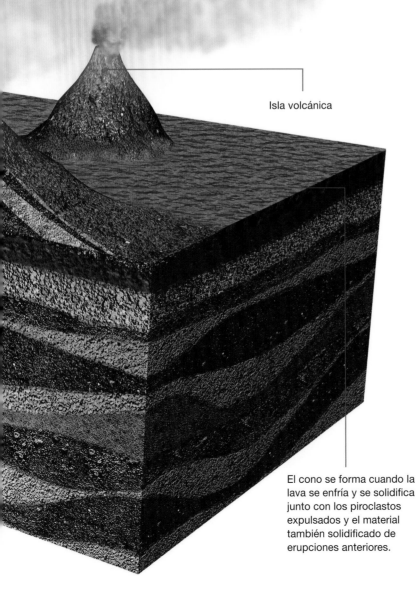

Isla volcánica

El cono se forma cuando la lava se enfría y se solidifica junto con los piroclastos expulsados y el material también solidificado de erupciones anteriores.

Los tipos de volcanes según su erupción

1. Hawaiano:
La lava que expulsan estos volcanes es muy fluida y no tiene desprendimientos de gases. Se desborda al rebasar el cráter y se desliza con facilidad.

2. Estromboliano:
La lava es viscosa y durante la actividad se expulsan grandes cantidades de piroclastos.

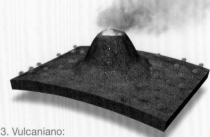

3. Vulcaniano:
En este tipo de volcanes se desprenden grandes cantidades de gases incandescentes. Las explosiones son muy fuertes y pulverizan la lava, produciendo gran cantidad de cenizas que son lanzadas al aire con otros materiales fragmentarios.

4. Vesubiano:
La presión de los gases es muy fuerte y produce explosiones muy violentas. Forma nubes ardientes que, al enfriarse, producen precipitaciones de cenizas.

¿**Cómo** se produce un terremoto?

En su mayoría, los terremotos o seismos se producen cerca de los bordes de las placas tectónicas. El movimiento de las placas hace que rocen entre sí y a consecuencia de la vibración generada se producen roturas en la corteza terrestre. En pocos minutos puede ocasionar un cambio drástico en el paisaje.

Las fallas

La mayoría de los terremotos ocurre a lo largo de unas grietas, llamadas *fallas,* que se encuentran en los bordes de las placas de la corteza terrestre. Estas pueden ser pequeñas fracturas o larguísimas hendiduras que recorren grandes distancias. Las fallas se producen cuando las placas tectónicas se mueven, comprimiendo y estirando la roca hasta que se rompe.

La *litosfera* es una capa formada por la corteza y parte del manto que compone las placas litosféricas y desliza sobre el manto sublitosférico.

Las *ondas sísmicas* se expanden desde el foco en todas las direcciones e incluso se pueden percibir al otro lado del mundo. Son más fuertes cuanto más cerca están del foco y se debilitan a medida que se alejan de él.

Escala de Richter: mide la energía liberada en el foco de un seismo. Un temblor de magnitud 7 es diez veces más fuerte que uno de magnitud 6, 100 veces más que uno de 5 y 1000 más que uno de 4.

Escala de Mercalli: mide la intensidad de un temblor evaluada en daños.

	2,5 En general no se siente; es registrado por sismógrafos			**3,5** Sentido por muchas personas	
I	II	III IV		V	VI

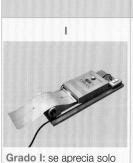

Grado I: se aprecia solo en los sismógrafos.

Grado II: se mueven las lámparas, pero solo dentro de los edificios. Se advierte en altura.

Grado III y IV: los coches se mueven solos en la calle. Dentro oscilan los muebles.

Grado V: dentro de los edificios se caen los objetos y los cuadros. Fuera se balancean los postes y los árboles.

Grado VI: caen algunas chimeneas, la gente corre por las calles.

El *epicentro* es el punto en la superficie de la corteza donde se producen los mayores daños, ya que se encuentra situado justo sobre el foco.

¿Cómo funciona un sismógrafo?

El principio básico de un sismógrafo es el péndulo en movimiento. Sin embargo, en la actualidad se utiliza una masa sujeta a una barra horizontal, que puede oscilar libremente de un lado a otro cuando la tierra se sacude. Cuanto más fuerte es el temblor, más amplios son los vaivenes de la masa. Este movimiento se registra en papel o de manera digital (en un ordenador) y produce un gráfico analógico llamado sismograma.

Ondas superficiales

Ondas primarias y secundarias

El terremoto o seismo se origina en el *hipocentro* o *foco,* lugar donde la roca se rompe como resultado de la fricción entre las placas. Suele estar entre 5 y 20 km (3 y 12 mi) bajo la tierra.

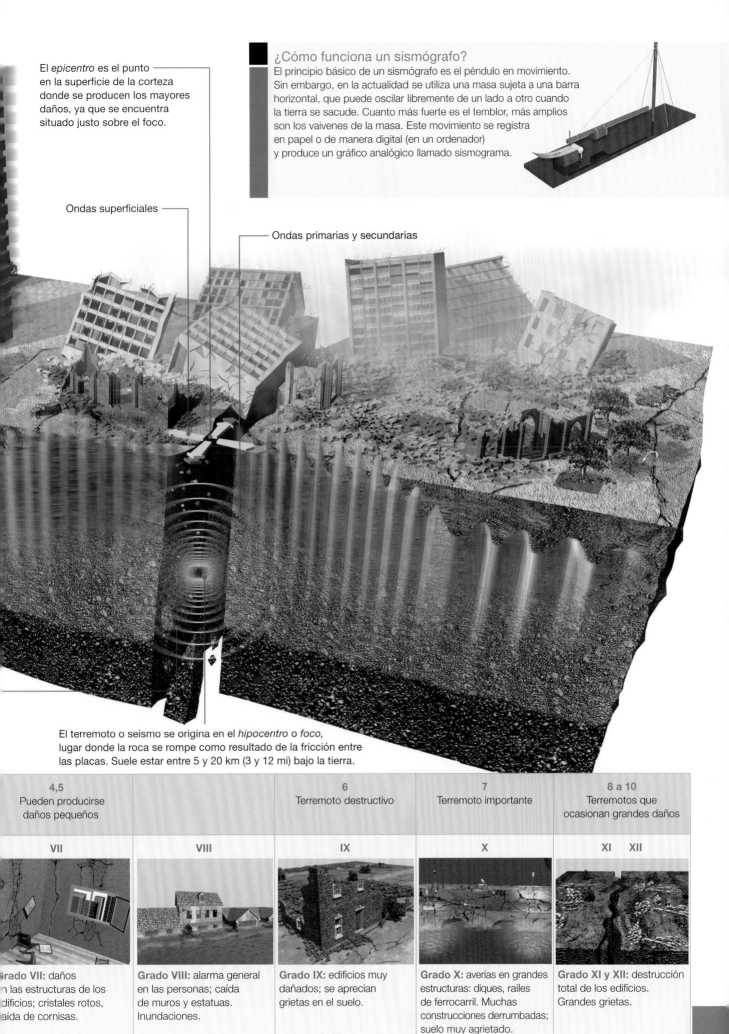

4,5 Pueden producirse daños pequeños		6 Terremoto destructivo	7 Terremoto importante	8 a 10 Terremotos que ocasionan grandes daños
VII	VIII	IX	X	XI XII

Grado VII: daños en las estructuras de los edificios; cristales rotos, caída de cornisas.

Grado VIII: alarma general en las personas; caída de muros y estatuas. Inundaciones.

Grado IX: edificios muy dañados; se aprecian grietas en el suelo.

Grado X: averías en grandes estructuras: diques, raíles de ferrocarril. Muchas construcciones derrumbadas; suelo muy agrietado.

Grado XI y XII: destrucción total de los edificios. Grandes grietas.

¿**Qué** es un tsunami?

La palabra *tsunami* proviene del japonés y significa «gran ola en el puerto» (*tsu*: «puerto»; *nami*: «ola») y, desde hace algunos años, se ha adoptado en casi todas las lenguas para hacer referencia a los disturbios en las masas oceánicas producidos por maremotos, erupciones de volcanes submarinos e incluso derrumbes oceánicos. Usualmente estas olas grandes y devastadoras se producen cuando el epicentro está situado en las profundidades oceánicas.

Un *tsunami* devastador en Indonesia

En la costa del oeste de Sumatra del Norte se encuentra una zona de contacto entre las placas de India y Birmania. La mañana del domingo 26 de diciembre de 2004, a las 7:58 horas, se produjo un gran terremoto de magnitud 9.0 en el océano. Esto generó un *tsunami* que asoló Indonesia y dejó un saldo de cientos de miles de muertos y desaparecidos.

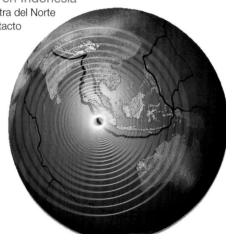

En el océano profundo, cerca del epicentro, las ondas no son muy altas, miden unos 50 cm (19 in), pero sus crestas se encuentran a una distancia enorme entre una y otra: a más de 100 km (62 mi) de longitud.

800 km/
(497 m/

Según se va acercando a la costa y las aguas son menos profundas, la altura de las olas crece y rápidamente se acorta la distancia entre ellas.

¿Qué son las ondas?

Cuando tiramos una piedra al agua podemos observar cómo se forman pequeñas olas concéntricas en su superficie. Estas «olas» son vibraciones que se generan cuando la energía pasa de un cuerpo a otro. En el caso de un *tsunami,* al producirse un gran desplazamiento de agua las olas generadas pueden llegar a medir hasta 20 m (65 ft) de altura.

Las partes de una onda

Sobre la superficie del mar se genera una onda que se mueve del mismo modo que una cuerda atada a un picaporte. En esa línea ondulada podríamos distinguir algunas partes:

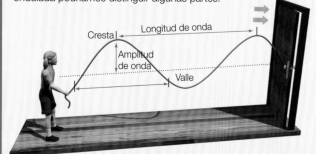

Cresta
Longitud de onda
Amplitud de onda
Valle

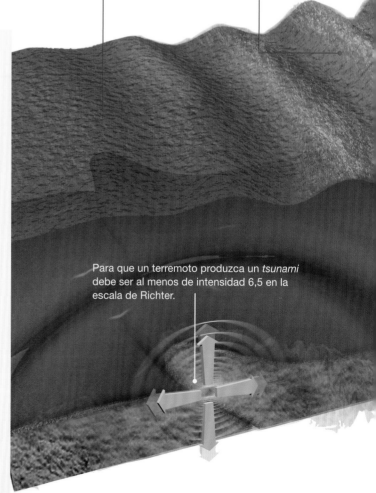

Para que un terremoto produzca un *tsunami* debe ser al menos de intensidad 6,5 en la escala de Richter.

Alarma de *tsunami*

A veces el agua se retira justo antes de que el *tsunami* llegue: la marea baja muchísimo y la playa se ve mucho más larga que de costumbre. Esto debe considerarse una alerta de las ondas de *tsunami* que vienen en camino. Asimismo, se han generado modernos sistemas por satélite que permiten alertar a las poblaciones costeras sobre el peligro de la gran ola que se acerca.

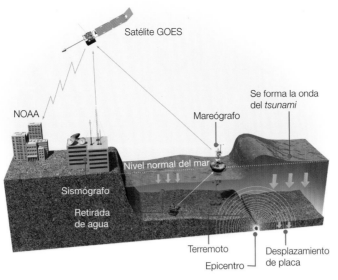

Satélite GOES

NOAA

Se forma la onda del *tsunami*

Mareógrafo

Nivel normal del mar

Sismógrafo

Retirada de agua

Terremoto

Epicentro

Desplazamiento de placa

- En la superficie, los sismógrafos avisan que se ha producido un terremoto de 6,5 o más grados en la escala de Richter.

- El satélite GOES alerta de este suceso a la central del NOAA (Agencia Nacional, Oceánica y Atmosférica de Estados Unidos).

- El NOAA chequea esta información en los mareógrafos que miden la altura normal del nivel del mar.

- Una brusca bajada en el nivel del mar indica que se produjo un *tsunami*.

- Vía satélite se manda un aviso de *tsunami* a los países en peligro.

¿A qué velocidad viajan los *tsunamis*?

Cuando se generan en lugares donde el océano tiene más de 6000 m (19,685 ft) de profundidad, las ondas pueden viajar a la velocidad de un avión comercial: a 800 km/h (497 m/h). Esto les permite desplazarse de una punta a otra del océano Pacífico en un día. Así, un *tsunami* que comienza en la falla de la costa de Chile puede expandirse hasta Japón.

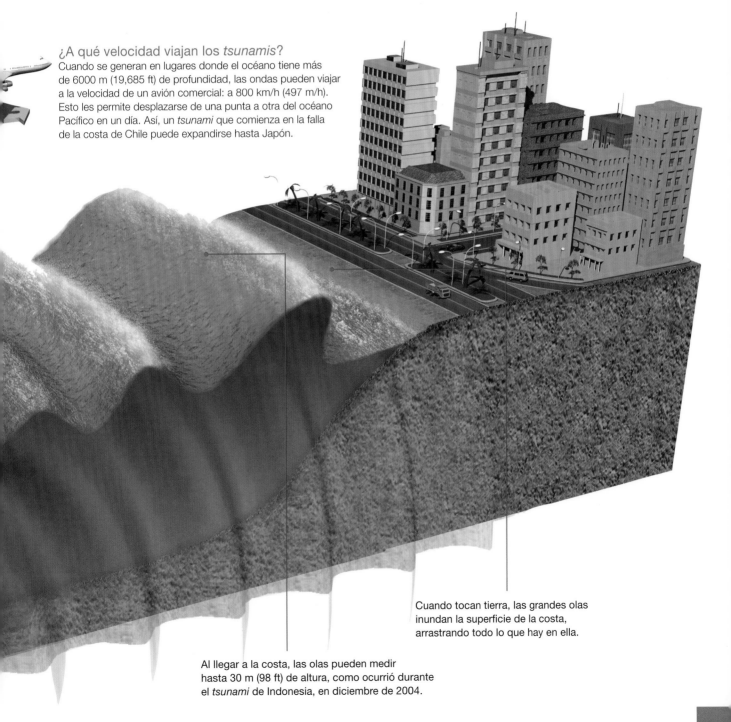

Cuando tocan tierra, las grandes olas inundan la superficie de la costa, arrastrando todo lo que hay en ella.

Al llegar a la costa, las olas pueden medir hasta 30 m (98 ft) de altura, como ocurrió durante el *tsunami* de Indonesia, en diciembre de 2004.

¿**Cómo** es el ciclo del agua?

A menudo se dice que vivimos en un «planeta de agua». Nuestro planeta es muy especial, ya que es el único del sistema solar que posee una gran cantidad de agua. Y no solo eso. Además, la podemos encontrar en sus tres estados: sólida, en forma de hielo; líquida, o como vapor. Debido al calor del Sol y a la fuerza gravitatoria, en la naturaleza el agua se halla en constante circulación a partir de sus cambios de estado. Este conjunto de cambios se conoce como *ciclo del agua.*

Cómo se aprovecha la energía del agua
Desde épocas remotas, el ser humano se las ha ingeniado para aprovechar la energía de las corrientes de agua, llamada *energía hidráulica.*

Las norias
Las primeras norias se ubicaron cerca de los nacimientos de los ríos, donde la inclinación del terreno hacía que las aguas bajaran con más fuerza. Así, sus grandes ruedas giraban y accionaban las ruedas de los molinos.

Las centrales hidroeléctricas
Actualmente la energía de la caída del agua se aprovecha en las centrales hidroeléctricas. El agua acumulada en las represas cae, por acción de la gravedad, y acciona las paletas de las turbinas. Dicho movimiento se utiliza para generar electricidad.

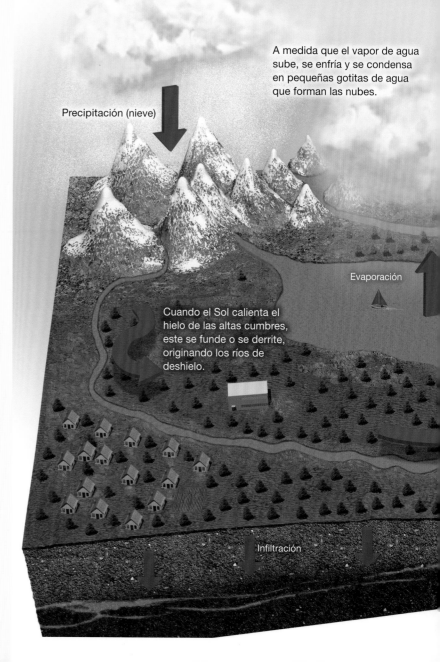

En las nubes, las gotas de agua se juntan entre sí. Cuando el aire se enfría mucho, las pequeñas gotas aumentan de tamaño hasta que caen debido a su peso.

A medida que el vapor de agua sube, se enfría y se condensa en pequeñas gotitas de agua que forman las nubes.

Precipitación (nieve)

Evaporación

Cuando el Sol calienta el hielo de las altas cumbres, este se funde o se derrite, originando los ríos de deshielo.

Infiltración

¿Por qué no se congela toda el agua en los polos?

Ante las bajas temperaturas polares, el agua pasa del estado líquido al sólido a los 0 °C (32 °F) y alcanza su máxima densidad a los 4 °C (39.2 °F). Esta capa de hielo que se forma flota sobre el agua líquida y la aísla, protegiendo a los seres vivos que la habitan. Así, el agua del fondo queda resguardada del frío exterior, presentando temperaturas superiores a los 5 °C (41 °F).

¿Qué son los estados del agua?

Los estados del agua dependen de la temperatura. Cuando el agua está a temperatura ambiente se encuentra en estado líquido. Si le agregamos calor, al llegar a los 100 °C (212 °F) sus partículas se separarán hasta formar un gas llamado vapor de agua: pasará entonces al estado gaseoso. Del mismo modo, si el agua líquida pierde calor, llegará un punto (a los 0 °C [32 °F]) en el que se transforme en hielo, alcanzando el estado sólido.

Debido al calor del Sol, las superficies líquidas, como los océanos, los lagos y los ríos, se hallan en un proceso permanente de *evaporación,* así el agua líquida pasa a la atmósfera en forma de vapor.

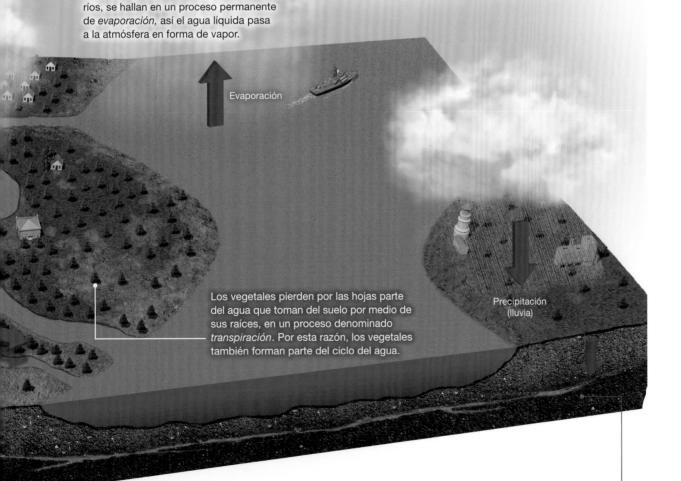

Los vegetales pierden por las hojas parte del agua que toman del suelo por medio de sus raíces, en un proceso denominado *transpiración*. Por esta razón, los vegetales también forman parte del ciclo del agua.

Al llegar a la tierra, el agua de la lluvia se infiltra por los poros del suelo hasta las *napas subterráneas*.

¿**Cómo** se forman las distintas nubes?

Aire cálido que migra hacia los polos

¿**Q**uién no se ha tumbado a mirar cómo viajan las nubes por el cielo? Las hay blancas y algodonosas u oscuras y de tormenta, y es innegable que hacen que tengamos un cielo distinto cada día. Todos sabemos que están formadas por agua; pero no se trata de vapor de agua, como se suele creer, sino de gotitas diminutas –cristales de hielo– suspendidas en el aire de la atmósfera.

Formas curiosas de las nubes

De acuerdo con su forma, las nubes se pueden clasificar en tres grandes grupos: cirros, estratos y cúmulos, además de las combinaciones que se dan entre estos grupos. La palabra «nimbo» se agrega al nombre de la nube para indicar que es de la clase que suele provocar lluvias.

Cúmulos: son las nubes densas con aspecto algodonoso, características del verano.

Cirros: debido a los vientos, lucen un aspecto deshilachado. Suelen estar formadas por cristales de hielo.

Nimboestratos y cumulonimbos: son grises, muy espesas, y originan precipitaciones.

Estratos: son las que normalmente cubren todo el cielo en los días nublados y suelen estar a baja altitud.

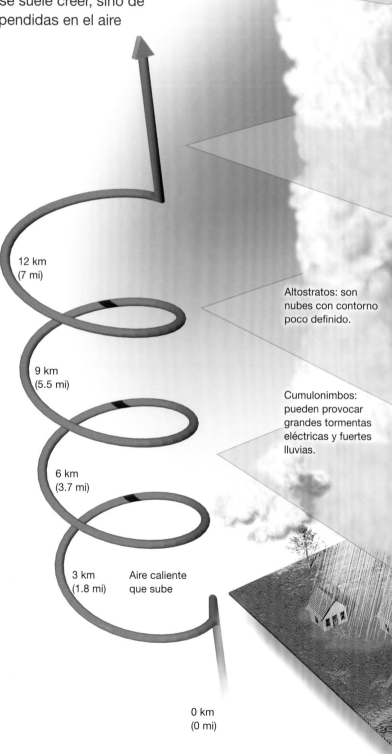

12 km
(7 mi)

9 km
(5.5 mi)

6 km
(3.7 mi)

3 km
(1.8 mi)   Aire caliente que sube

0 km
(0 mi)

Altostratos: son nubes con contorno poco definido.

Cumulonimbos: pueden provocar grandes tormentas eléctricas y fuertes lluvias.

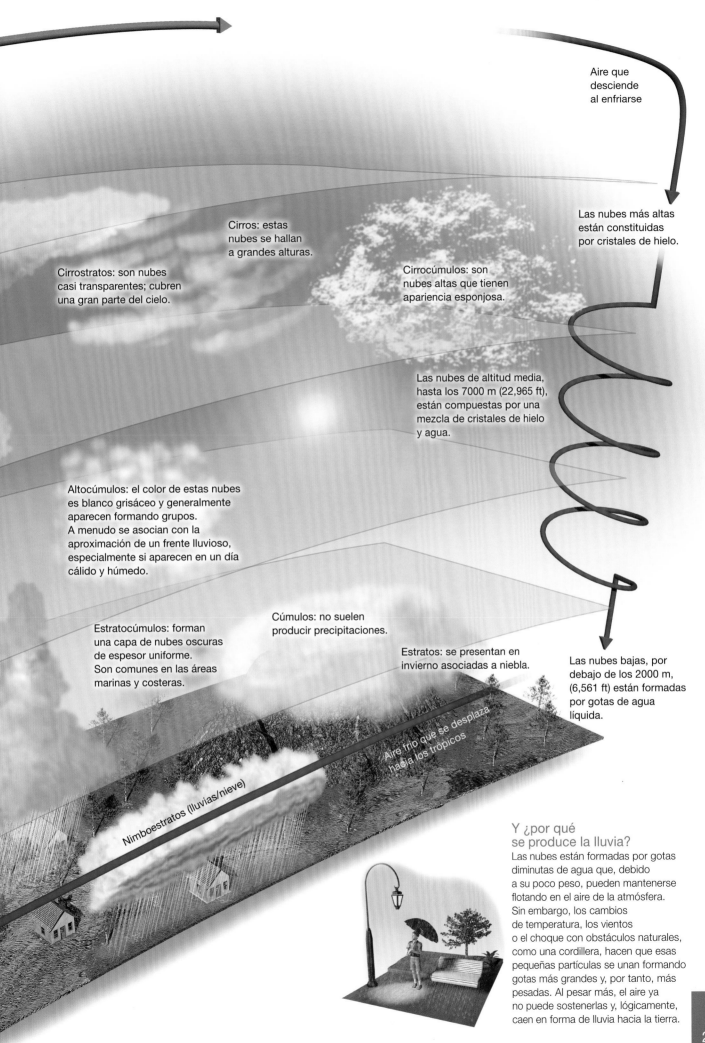

Aire que
desciende
al enfriarse

Cirros: estas
nubes se hallan
a grandes alturas.

Cirrostratos: son nubes
casi transparentes; cubren
una gran parte del cielo.

Cirrocúmulos: son
nubes altas que tienen
apariencia esponjosa.

Las nubes más altas
están constituidas
por cristales de hielo.

Las nubes de altitud media,
hasta los 7000 m (22,965 ft),
están compuestas por una
mezcla de cristales de hielo
y agua.

Altocúmulos: el color de estas nubes
es blanco grisáceo y generalmente
aparecen formando grupos.
A menudo se asocian con la
aproximación de un frente lluvioso,
especialmente si aparecen en un día
cálido y húmedo.

Estratocúmulos: forman
una capa de nubes oscuras
de espesor uniforme.
Son comunes en las áreas
marinas y costeras.

Cúmulos: no suelen
producir precipitaciones.

Estratos: se presentan en
invierno asociadas a niebla.

Las nubes bajas, por
debajo de los 2000 m,
(6,561 ft) están formadas
por gotas de agua
líquida.

Aire frío que se desplaza
hacia los trópicos

Nimboestratos (lluvias/nieve)

Y ¿por qué se produce la lluvia?

Las nubes están formadas por gotas
diminutas de agua que, debido
a su poco peso, pueden mantenerse
flotando en el aire de la atmósfera.
Sin embargo, los cambios
de temperatura, los vientos
o el choque con obstáculos naturales,
como una cordillera, hacen que esas
pequeñas partículas se unan formando
gotas más grandes y, por tanto, más
pesadas. Al pesar más, el aire ya
no puede sostenerlas y, lógicamente,
caen en forma de lluvia hacia la tierra.

¿A **qué** se denomina
precipitaciones?

Dentro de las nubes, cuando el aire se enfría, se produce una condensación más intensa y las gotitas de agua se juntan hasta hacerse tan pesadas que caen en forma de precipitaciones. Pero el agua de la nube no precipita de la misma manera en todos los lugares y momentos, ya que puede caer en forma de lluvia, de granizo, de aguanieve o de nieve. Por lo general, en las zonas tropicales el agua cae en grandes aguaceros y en las zonas más frías suele caer en copos de nieve.

Las lluvias y la vegetación

Los distintos tipos de vegetación son el resultado de las relaciones entre el relieve, el suelo y el clima de una región. Por ejemplo, en zonas donde hace mucho calor, la cantidad de precipitaciones caídas anualmente determinan si en esa región van a crecer las plantas hasta formar una selva o si nos encontraremos con un desierto.

Precipitaciones

En las zonas muy lluviosas, la vegetación se hace selvática y las plantas tienen hojas grandes que les permiten transpirar el exceso de agua.

En aquellas regiones donde las lluvias escasean hay menos plantas, y estas poseen mecanismos que les permiten retener el agua, como los troncos de los cactus.

La nieve se genera cuando la temperatura del aire está por debajo de 0 °C (32 °F). En esos casos, el vapor de agua de las nubes se congela formándose cristales de hielo que se juntan entre sí y caen en forma de copos de nieve.

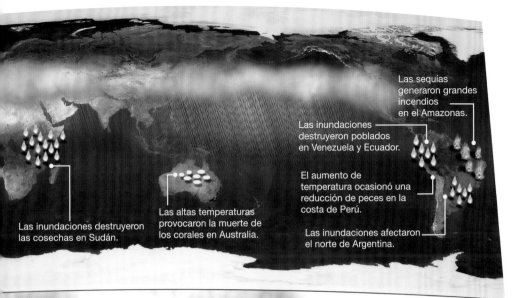

¿Qué es el fenómeno de El Niño?

Periódicamente, en intervalos de tres a siete años, el hemisferio sur se ve afectado por un fenómeno climático: El Niño. Este cambio en el clima se debe a la combinación de muchas variables: la circulación de los vientos, la temperatura del agua del océano Pacífico y las lluvias. El océano es como una gran cubeta con zonas de agua caliente y de agua fría. Durante El Niño una zona del océano Pacífico se calienta más de lo normal (hasta 5 °C [41 °F]) y el régimen de vientos cambia de dirección produciendo sequías en lugares generalmente lluviosos.

Las sequías generaron grandes incendios en el Amazonas.

Las inundaciones destruyeron poblados en Venezuela y Ecuador.

El aumento de temperatura ocasionó una reducción de peces en la costa de Perú.

Las inundaciones afectaron el norte de Argentina.

Las inundaciones destruyeron las cosechas en Sudán.

Las altas temperaturas provocaron la muerte de los corales en Australia.

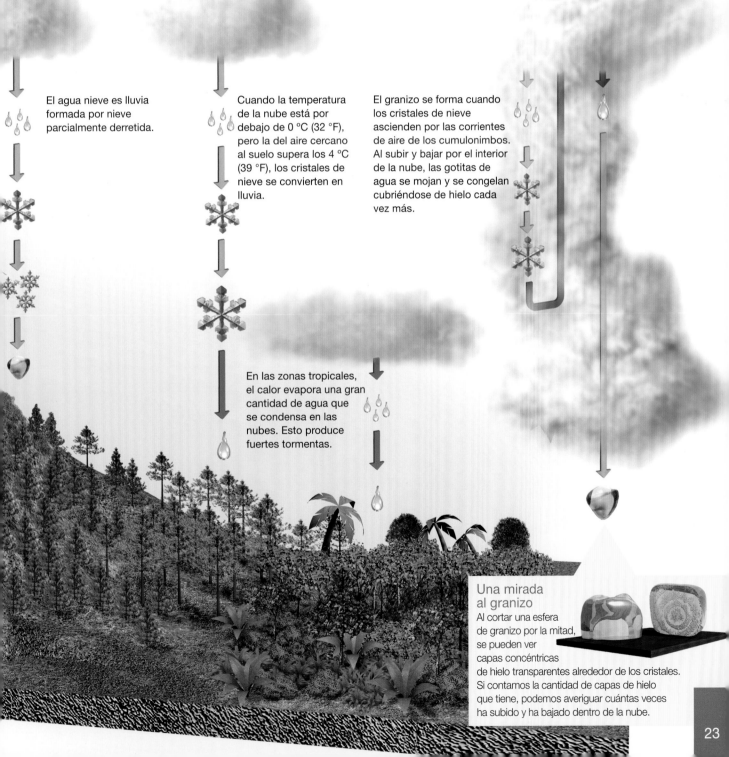

El agua nieve es lluvia formada por nieve parcialmente derretida.

Cuando la temperatura de la nube está por debajo de 0 °C (32 °F), pero la del aire cercano al suelo supera los 4 °C (39 °F), los cristales de nieve se convierten en lluvia.

El granizo se forma cuando los cristales de nieve ascienden por las corrientes de aire de los cumulonimbos. Al subir y bajar por el interior de la nube, las gotitas de agua se mojan y se congelan cubriéndose de hielo cada vez más.

En las zonas tropicales, el calor evapora una gran cantidad de agua que se condensa en las nubes. Esto produce fuertes tormentas.

Una mirada al granizo

Al cortar una esfera de granizo por la mitad, se pueden ver capas concéntricas de hielo transparentes alrededor de los cristales. Si contamos la cantidad de capas de hielo que tiene, podemos averiguar cuántas veces ha subido y ha bajado dentro de la nube.

¿**Cómo** es la nieve?

La nieve es una de las formas posibles en que precipita el agua que forma las nubes; pero a diferencia de la lluvia, no es líquida, y en algunas regiones cubre la superficie de manera permanente o durante los meses de invierno. La nieve es agua en estado sólido debido a que está constituida por cristales de hielo que forman los copos.

La nieve se produce cuando el aire se encuentra a menos de 0 °C (32 °F).

Un cristal al microscopio
En esta microfotografía tomada mediante un microscopio electrónico se ve un cristal de nieve 100 veces más grande que su tamaño real.

Distintos tipos de mantos de nieve
Al caer, la nieve forma un manto que está sometido a los cambios climáticos. Así, la nieve caída, al pasar los días, puede verse de diferentes formas.
- El *verglás* es una capa fina de hielo transparente que se produce cuando el agua se congela sobre una superficie húmeda. Sobre las carreteras puede ser muy peligroso.
- Los *sastrugi* son ondas o irregularidades que la acción del viento forma sobre el manto de nieve. Los más característicos se observan en los polos: tienen forma de ola, con proas afiladas que apuntan en la dirección del viento dominante.
- Los *penitentes de nieve* son gigantescas columnas de hielo. Alcanzan su desarrollo más impresionante entre las grandes montañas de los Andes y el Himalaya, donde pueden medir más de un metro de altura.

Si observáramos un cristal de nieve con un aumento de millones de veces, podríamos ver cómo se organizan las moléculas de agua para formar los cristales de hielo. Veríamos una estructura hexagonal –es decir, de seis lados– como la de la imagen.

Los copos de nieve están formados por grandes conglomerados de cristales de hielo. Cada copo de nieve que cae tiene un dibujo único y particular. Sin embargo, todos tienen seis lados.

Por norma general, cuanto mayor es la temperatura, la nieve es más pesada y húmeda. Por eso, en las zonas polares la nieve es más fina que la que cae en los inviernos europeos.

El manto de nieve o nivoso experimenta continuos cambios como consecuencia de los efectos del viento, la temperatura, el sol, la lluvia, la congelación y el deshielo.

Un poco de química del agua

En una gota de agua hay millones de partículas diminutas iguales, que se denominan *moléculas de agua* y poseen las mismas características. Cada una de estas minúsculas moléculas está formada, a su vez, por tres componentes llamados *átomos,* y se combinan para formarla: dos átomos de hidrógeno y uno de oxígeno.

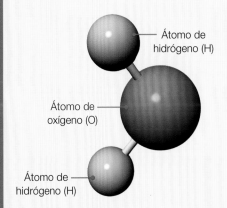

Átomo de hidrógeno (H)

Átomo de oxígeno (O)

Átomo de hidrógeno (H)

Representación de la molécula de agua. El agua se escribe con la fórmula H_2O porque dos átomos de hidrógeno (H_2) se combinan con uno de oxígeno (O) para formarla.

Los estados del agua bajo la lupa

En nuestro planeta podemos encontrar agua de tres maneras diferentes: en forma líquida, sólida o de vapor de agua. Si tuviésemos una lupa que nos permitiera ver los estados microscópicamente, observaríamos que las moléculas de agua se organizan de tres maneras distintas, en función de la temperatura a la que se encuentran.

En el agua líquida, las moléculas están unidas entre sí.

En el hielo, las moléculas de agua forman cristales.

En el vapor de agua, las moléculas se separan y se esparcen en el aire.

¿**Dónde** está el agua que no vemos?

Aunque no la veamos, en el interior de nuestro planeta y de los seres vivos se oculta una gran cantidad de agua. La lluvia se infiltra a través del suelo, creando verdaderas cuencas subterráneas, llamadas acuíferos, o excava fantásticas cavernas en el interior de las formaciones rocosas por las que circulan auténticos ríos subterráneos.

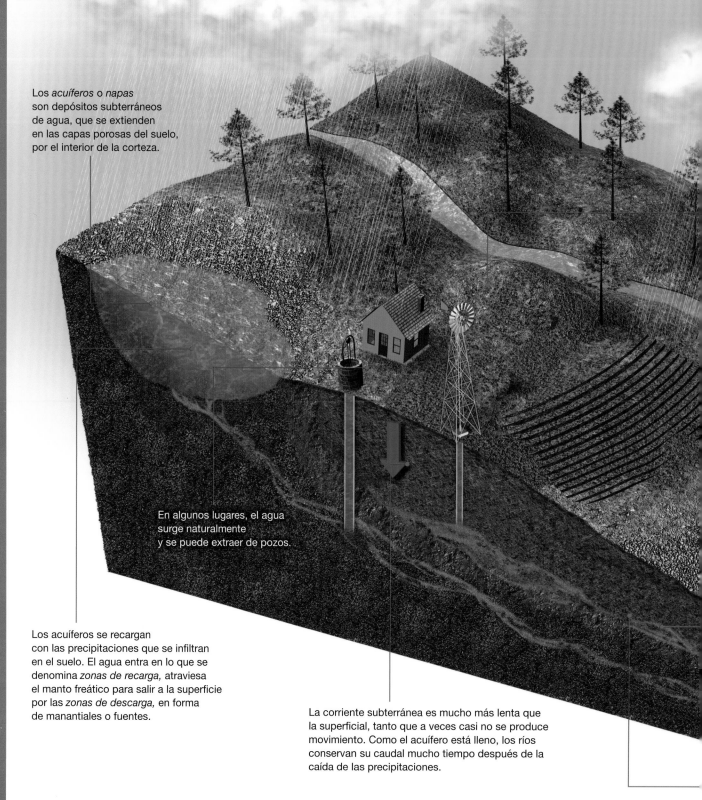

Los *acuíferos* o *napas* son depósitos subterráneos de agua, que se extienden en las capas porosas del suelo, por el interior de la corteza.

En algunos lugares, el agua surge naturalmente y se puede extraer de pozos.

Los acuíferos se recargan con las precipitaciones que se infiltran en el suelo. El agua entra en lo que se denomina *zonas de recarga,* atraviesa el manto freático para salir a la superficie por las *zonas de descarga,* en forma de manantiales o fuentes.

La corriente subterránea es mucho más lenta que la superficial, tanto que a veces casi no se produce movimiento. Como el acuífero está lleno, los ríos conservan su caudal mucho tiempo después de la caída de las precipitaciones.

La distribución del agua en el planeta Tierra

La Tierra posee unos 1360 millones de kilómetros cúbicos de agua (332,500,000 mi^3), que se han mantenido constantes durante milenios. Pero del 100% del agua que hay en el planeta, el 97% no es potable, ya que corresponde a los mares y océanos; el 2% se halla congelada en los glaciares y nieves perpetuas, y solo el 1% se puede utilizar para el consumo humano. Dentro de este mínimo porcentaje, un 20% corresponde al agua que no vemos.

Agua dulce en el planeta Tierra

1% de agua en ríos, lagos, suelo, atmósfera y seres vivos

20% de agua subterránea

79% de agua en hielos y glaciares

Cantidad de agua en el cuerpo humano

El cuerpo de un ser humano adulto posee entre un 60% y un 70% de agua.

Agua en el planeta Tierra

3% de agua dulce

97% de agua salada

En algunos sitios, se precisan bombas o molinos para extraer el agua de los acuíferos.

Los suelos porosos dejan pasar el agua, filtrándola hacia las capas inferiores.

Los acuíferos se hallan totalmente repletos de agua que, en general, es potable o apta para el consumo humano. Por esta razón, a diario se extraen de ellos grandes cantidades de agua, de una manera económicamente rentable.

La capa de arcilla es prácticamente impermeable.

La capa de rocas impermeables no deja pasar el agua.

Las cavernas y el agua subterránea

Cuando el agua se infiltra en zonas donde el subsuelo es de roca caliza, ocurre un fenómeno particular: el agua disuelve y disgrega la roca generando cavernas.

El agua se infiltra produciendo la disolución de algunos minerales de la roca caliza.

Poco a poco la disolución va formando cavidades subterráneas como las simas.

Cuando el agua disuelve gran parte de la roca, se forma una gruta.

El agua circula por las cavernas a través de ríos subterráneos excavados en la roca, como si lo hicieran por el interior de un enorme queso gruyère.

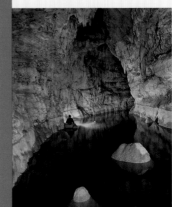

Aguas subterráneas en la caverna de Alto de Tous en Sumacàrcer, Valencia.

¿**Qué** son los géiseres?

En algunas zonas volcánicas, las rocas de la corteza terrestre se calientan a tan altas temperaturas que el agua subterránea hierve, la presión aumenta y sale de manera brusca en forma de agua muy caliente y vapor.

Al igual que los volcanes, los géiseres poseen un conducto por el que asciende el agua: un pequeño cono no muy elevado sobre el nivel del suelo, que se abre en un cráter en forma de cubeta.

Géiser en actividad
Sus erupciones de agua en ebullición son intermitentes; alcanzan una temperatura de 85 °C (185 °F) y muchos metros de altura.

Un géiser es un surtidor de agua caliente y vapor que se dispara hacia el exterior a través de fisuras en la corteza terrestre.

Géiser en reposo
Cuando entran en reposo algunos géiseres muestran coloraciones asombrosas. Esto se debe a la gran cantidad de minerales que contiene el agua y también a que existe un tipo de bacterias hipertermófilas, que viven a temperaturas muy elevadas y le otorgan al agua estos colores.

El origen de los géiseres proviene del contacto del agua subterránea con magma volcánico.

¿Cómo se aprovecha el agua caliente?

Islandia, país en el que hace mucho frío, pero que posee gran cantidad de volcanes y de agua caliente subterránea, utiliza el agua termal de una manera muy particular. Mediante la instalación de centrales geotérmicas, produce energía eléctrica a partir de la fuerza del vapor del agua. Además, bombea el agua caliente hasta las ciudades a través de cañerías de calefacción para las viviendas.

Estas aguas proceden de capas subterráneas de la Tierra que se encuentran a mayor temperatura. También son ricas en diferentes componentes minerales y permiten su utilización con fines terapéuticos mediante baños, inhalaciones, irrigaciones y calefacción.

Las aguas minerales que emergen del suelo a 5 °C (41 °F) o más que la temperatura superficial se denominan *termales*.

Las aguas poseen un alto contenido de sales minerales. Algunas tienen sílice, que se deposita en forma de *geiseritas,* una variedad de ópalo; otras poseen sales calcáreas y forman verdaderas cascadas de mármol.

Géiseres del mundo

- Los géiseres de El Tatio, en el desierto de Atacama, Chile, entran en erupción entre las 6 y 7 de la mañana, con temperaturas bajo cero. Este impresionante espectáculo natural es generado por los violentos flujos de agua caliente que se elevan a 7 m (22 ft) de altura.
- El géiser Old Faithful, en el Parque Nacional de Yellowstone, Estados Unidos, entra en acción con bastante precisión y frecuencia: tarda unos 80 minutos entre explosión y explosión.
- La región de Géyser, en Islandia, dio origen al nombre de este fenómeno. Allí se encuentran numerosos pozos surtidores cuyos chorros de vapor y agua hirviendo pueden alcanzar los 35 m (114 ft) de altura.

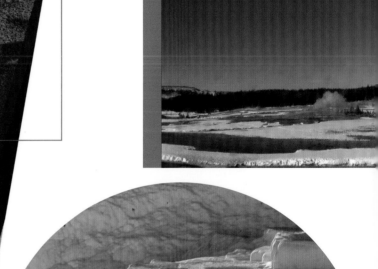

Las fuentes termales de Pamukkale

Algunas fuentes termales están relacionadas con un vulcanismo muy antiguo. Por ejemplo, las termas de Pamukkale, en Turquía, brotan desde la ladera del monte y, como tienen gran cantidad de carbonato de calcio, al derramarse y evaporarse el agua se forman magníficas cubetas de mármol.

¿**Cómo** se producen los vientos?

El viento es aire en movimiento. Las diferentes temperaturas en la Tierra debidas al calentamiento solar y a las particularidades térmicas de las superficies terrestre y oceánica producen corrientes de aire. Cuando las masas de aire se calientan, ascienden, y en su lugar se colocan las más frías. El movimiento del aire entre estas zonas origina los vientos. Hay cuatro elementos que caracterizan al viento: fuerza, dirección, temperatura y humedad.

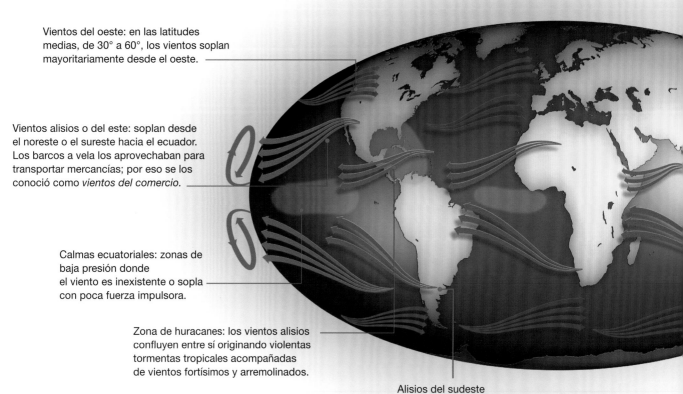

Vientos del oeste: en las latitudes medias, de 30° a 60°, los vientos soplan mayoritariamente desde el oeste.

Vientos alisios o del este: soplan desde el noreste o el sureste hacia el ecuador. Los barcos a vela los aprovechaban para transportar mercancías; por eso se los conoció como *vientos del comercio*.

Calmas ecuatoriales: zonas de baja presión donde el viento es inexistente o sopla con poca fuerza impulsora.

Zona de huracanes: los vientos alisios confluyen entre sí originando violentas tormentas tropicales acompañadas de vientos fortísimos y arremolinados.

Alisios del sudeste

La escala de Beaufort para medir los vientos

En 1805 el almirante sir Francis Beaufort, marino británico, inventó una escala para medir la intensidad del viento en el mar. Más tarde, su escala se adaptó para ser empleada en tierra.

1. Calma, sin viento.

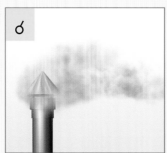

2. Se desvía el humo.

3. Se mueven las hojas.

4. Ondean las ramas.

7. Oscilan los árboles.

8. Se hace difícil caminar.

9. Se vuelan las tejas.

10. Árboles arrancados.

④ Como necesita seguir avanzando, el aire cálido se desplaza hacia los polos.

❸ Al llegar al límite de la troposfera, el aire no puede subir más.

❷
El aire caliente es más liviano y sube hacia zonas más frías. La columna de aire ascendente está asociada a una zona de baja presión o borrasca.

¿Qué es la presión atmosférica?

El aire ejerce una fuerza sobre la superficie del planeta Tierra que se llama *presión atmosférica*. Normalmente, nosotros no nos damos cuenta del peso del aire, puesto que la atmósfera presiona en todas las direcciones. Sin embargo, el aire frío es más denso y tiende a bajar, y el aire cálido es menos denso, o liviano, y asciende. Allí donde el aire frío desciende, se generan zonas de alta presión o *anticiclones*, y en aquellos lugares donde el aire caliente asciende, se crean zonas de baja presión o borrascas.

❺ A medida que el aire se enfría, se hace más denso y comienza a descender, en la zona conocida como anticiclón.

❻ El aire se desplaza de regreso al ciclón más cercano produciendo los vientos.

❶ La tierra recibe el calor del sol y se calienta.

Zona de tifones: en los mares de China, las tormentas huracanadas se llaman tifones. Empiezan como modestas tormentas eléctricas, pero pueden crecer hasta convertirse en enormes masas de nubes en espiral.

Vientos circumpolares: soplan constante y violentamente desde el oeste, a una latitud de 40° en el hemisferio sur.

Instrumentos para medir el viento

La veleta
En las veletas, como la que muestra la fotografía, la flecha de arriba gira hasta indicar en qué dirección sopla el viento.

Las mangas
Las mangas que se usan en los aeropuertos se inflan con el viento indicando su dirección.

El anemómetro
Los anemómetros miden la intensidad del viento. Sus pequeñas cazoletas interceptan el viento y giran de acuerdo con su velocidad; a esto se suma un dispositivo que cuenta las vueltas.

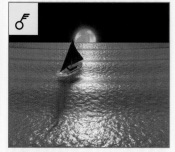

5. Olas en el agua.

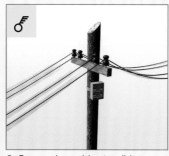

6. Suenan los cables tendidos.

11. Grandes olas.

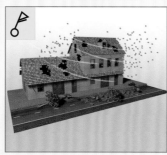

12. Devastación de edificios.

¿**Qué** es y cómo surge un huracán?

Vista de un huracán tomada desde un satélite artificial.

Los indígenas del mar Caribe veneraban con temor al dios Hurakán, en su creencia de que producía grandes tempestades cuando se enojaba. Estas impresionantes tormentas acompañadas de lluvias y vientos en remolino se denominan *ciclones* y, según las zonas en donde se generan, pueden adoptar diferentes formas. Aquellos que surgen en los trópicos, sobre el mar, se conocen como ciclones tropicales, tifones o huracanes, y los que surgen sobre los continentes en zonas templadas se llaman tornados.

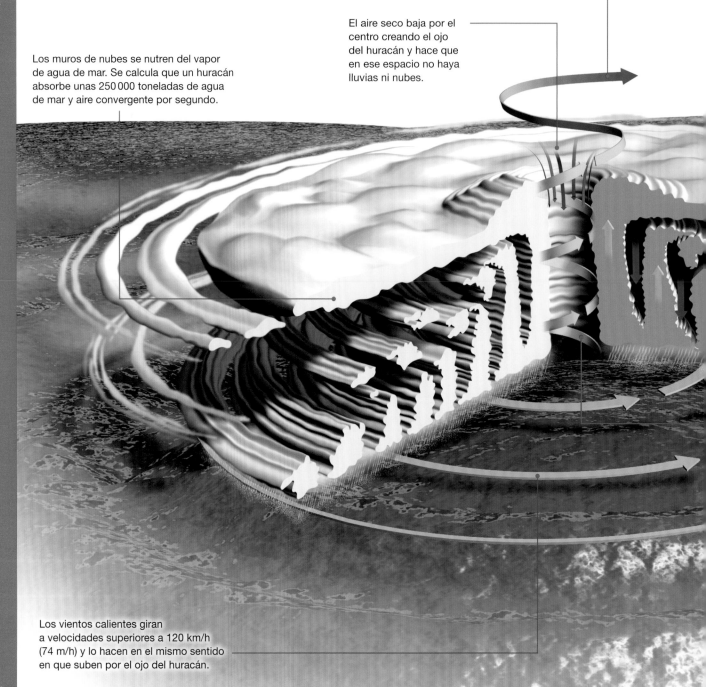

El aire seco baja por el centro creando el ojo del huracán y hace que en ese espacio no haya lluvias ni nubes.

Los muros de nubes se nutren del vapor de agua de mar. Se calcula que un huracán absorbe unas 250 000 toneladas de agua de mar y aire convergente por segundo.

Los vientos calientes giran a velocidades superiores a 120 km/h (74 m/h) y lo hacen en el mismo sentido en que suben por el ojo del huracán.

¿Cómo se forma un huracán?

Los huracanes surgen sobre el mar tropical cuando la temperatura de la superficie del agua es superior a 27 °C (80 °F) y se producen centros de muy baja presión atmosférica.

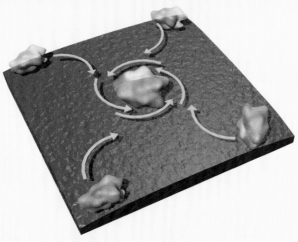

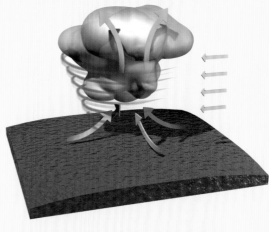

El aire cálido cargado de vapor de agua se dirige hacia esa zona de baja presión y comienza a ascender y a girar en remolino.

A medida que el aire caliente asciende con mayor velocidad, nuevas masas de aire se introducen por el centro de la tormenta y se originan vientos que pueden alcanzar los 300 km/h (186 m/h).

Al salir del ojo del huracán, los vientos giran en el sentido de las agujas del reloj si están en el hemisferio norte, y a la inversa en el hemisferio sur.

La lluvia se precipita desde las bandas de nubes del huracán.

El aire cálido cargado de humedad sube girando por las paredes del ojo del huracán.

¿Qué es un tornado?

Un tornado es un torbellino violento que se extiende desde las nubes hasta la superficie terrestre. Puede llegar a alcanzar los 400 km/h (248 m/h) y destruir todo lo que está en su camino.

Parecidos pero diferentes Huracanes

- Se originan sobre los océanos y al llegar a la tierra comienzan a perder intensidad.
- Se forman en zonas tropicales (entre los 5° y los 15° de latitud).
- La velocidad del viento oscila entre los 120 y los 300 km/h (74 y 186 m/h).
- Su diámetro varía entre los 500 y 1800 km (310 y 1,118 mi).
- Persisten entre unos pocos días y algunas semanas.
- Están asociados a bajas presiones sobre el mar.

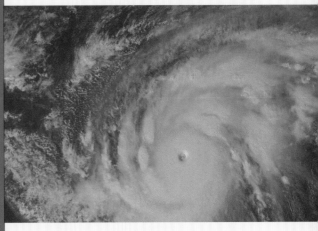

Tornados

- Se originan sobre los continentes.
- Se forman en latitudes medias (entre los 20° y los 50° de latitud).
- La velocidad del viento puede sobrepasar los 500 km/h (310 m/h).
- Su diámetro es de apenas 250 m (820 ft).
- Tienen una duración de pocos minutos; en casos excepcionales, de algunas horas.

¿**Cómo** se genera una tormenta?

Por la troposfera circulan masas de aire que se encuentran a la misma temperatura y humedad. Estas zonas, que se conocen como *frentes,* pueden estar formadas por aire frío, si provienen de los polos, o por masas de aire caliente, si vienen de las zonas tropicales. Cuando estas masas interaccionan por la diferencia de temperatura, y dependiendo del giro y dirección de las mismas, pueden producir precipitaciones junto a otros fenómenos característicos como son los relámpagos y los truenos.

Zonas de alta y de baja presión

En las regiones de baja presión, el aire sube y se enfría; por eso, parte del vapor se condensa en gotitas de agua y se forman las nubes de tormenta. En las zonas de alta presión, el aire frío se calienta poco a poco a medida que desciende. Como el aire caliente retiene más vapor de agua, el tiempo generalmente se presenta bueno. Los barómetros se usan para predecir los cambios en las condiciones meteorológicas, debido a que miden la presión que ejerce el aire de la atmósfera sobre la superficie.

Alta presión   **Presión normal**   **Baja presión**

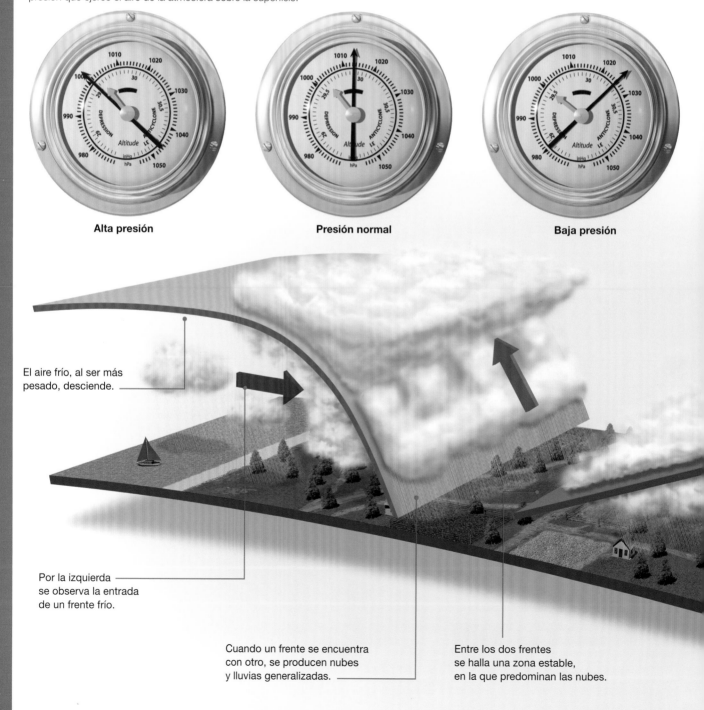

El aire frío, al ser más pesado, desciende.

Por la izquierda se observa la entrada de un frente frío.

Cuando un frente se encuentra con otro, se producen nubes y lluvias generalizadas.

Entre los dos frentes se halla una zona estable, en la que predominan las nubes.

Una fábrica de lluvia casera

Para comprender cómo se producen las lluvias cuando los frentes se encuentran, podríamos realizar una experiencia sencilla. Hay que poner una tetera con agua a hervir al fuego y sostener cerca del pico una cuchara de metal.

Para no quemarse, siempre es bueno usar una manopla cuando se sostiene la cuchara. Al encontrarse con la superficie fría de la cuchara, el vapor se condensa y las gotas de agua caen, como si fuera lluvia.

El aire caliente, al ser más liviano, asciende.

Hacia la derecha se observa el desplazamiento del aire caliente.

Y ¿qué pasa cuando las masas de aire chocan?

Frente frío

El aire frío se introduce debajo de la masa de aire caliente obligándola a ascender rápidamente. Este movimiento rápido provoca fuertes vientos, lluvias, relámpagos y truenos.

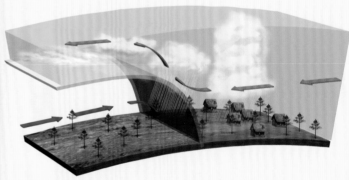

Frente cálido

El aire caliente se desliza ligeramente por encima del aire frío, causando lluvias y lloviznas que pueden durar mucho tiempo.

¿**Cómo** se forman los
relámpagos?

Los relámpagos son el elemento más impresionante de una tormenta, ya que se ven como un resplandor vivísimo e instantáneo. Se producen cuando el aire cálido y húmedo asciende rápido y forma cumulonimbos. Dentro de estas nubes, las fuertes corrientes de aire hacen que las gotitas de agua y los cristales de hielo interaccionen entre sí y que se originen zonas cargadas eléctricamente. Se llama *relámpago* a la descarga eléctrica que se produce entre las zonas con cargas positivas y negativas de la nube.

El pararrayos

Un *pararrayos* es un instrumento capaz de atraer un rayo y canalizar la descarga eléctrica hacia tierra sin que cause daños a construcciones o personas. Este aparato fue inventado por el estadounidense Benjamin Franklin en 1753. La punta del pararrayos es de cobre o platino y se encuentra unida a una barra de hierro que llega, mediante un cable, a la tierra. El pararrayos se coloca en la parte más alta del edificio al que protege.

Los *relámpagos intranube* son los que vemos desde la superficie como un resplandor difuso.

Los *rayos* son la forma más peligrosa de estas descargas, ya que van desde el centro negativo de la nube hasta zonas positivas de la tierra. Suelen ocasionar incendios en los bosques y hasta pueden electrificar una fuente de agua.

¿Cómo funciona?

La punta del pararrayos trabaja de dos maneras. Por un lado, transporta las cargas positivas de los objetos que hay en la tierra hacia arriba, neutralizando las cargas negativas de la nube. Por otro, conduce el rayo hacia la tierra, ofreciéndole un camino de menor resistencia, lo que colabora en su descarga.

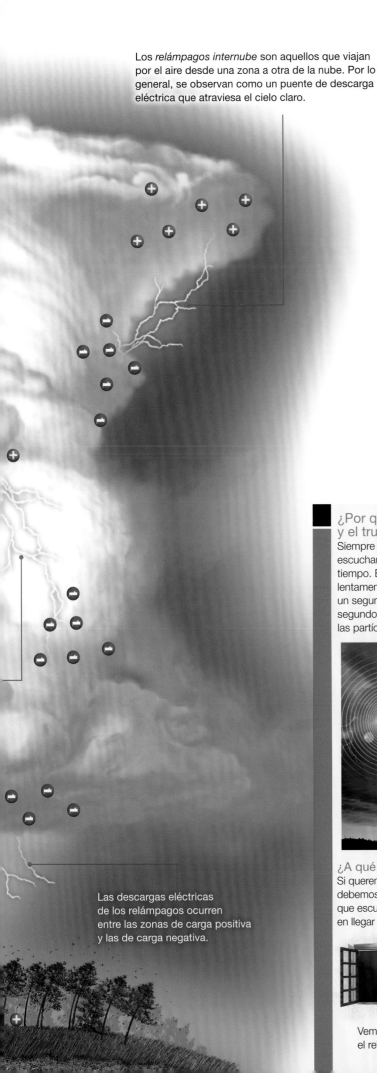

Los *relámpagos internube* son aquellos que viajan por el aire desde una zona a otra de la nube. Por lo general, se observan como un puente de descarga eléctrica que atraviesa el cielo claro.

Las descargas eléctricas de los relámpagos ocurren entre las zonas de carga positiva y las de carga negativa.

La carga eléctrica

Cuando se frotan ciertos cuerpos, a veces pueden surgir entre ellos *fuerzas de atracción;* otras veces, *fuerzas de repulsión,* e incluso, ninguna fuerza. Cuando entre dos cuerpos se dan estas fuerzas a distancia, estamos en presencia de *electricidad.* En estos casos, ambos cuerpos tienen una propiedad muy particular a la que se llama *carga eléctrica.* Según una convención, la carga eléctrica puede ser de dos tipos diferentes: *positiva* (+) o *negativa* (–).

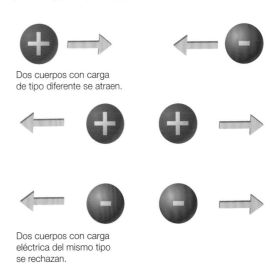

Dos cuerpos con carga de tipo diferente se atraen.

Dos cuerpos con carga eléctrica del mismo tipo se rechazan.

¿Por qué no percibimos el relámpago y el trueno al mismo tiempo?

Siempre vemos el *flash* del relámpago atravesar el cielo y más tarde escuchamos retumbar el trueno; sin embargo, ambos ocurren al mismo tiempo. Esto se explica si tenemos en cuenta que el sonido viaja más lentamente que la luz. La *luz* viaja más rápido que ninguna otra cosa: en un segundo recorre 300 000 km (186,411 mi). El *sonido,* en cambio, tarda tres segundos en recorrer 1 km (0.6 mi) en el aire. Además, como rebota contra las partículas del aire, lo escuchamos retumbar.

El rayo de luz ya ilumina a la muchacha. Viaja a 300 000 km/s (186,411 mi/s).

La onda sonora aún no ha llegado hasta su oído. Viaja a 0,343 km/s (0.2 mi/s).

¿A qué distancia ocurrió el relámpago?

Si queremos averiguar lo lejos que ocurrió la descarga de un relámpago, debemos contar los segundos desde que vemos el destello del relámpago hasta que escuchamos el sonido del trueno. El tiempo que tarde dicho estruendo en llegar nos permitirá calcular a qué distancia cayó el relámpago.

Vemos caer el relámpago.

Medimos el tiempo transcurrido hasta que se escucha el trueno.

Distancia = tiempo en segundos x 343 metros = x
3 segundos

Calculamos la distancia a la que sucedió.

¿**Qué** es el eco?

Aunque parezca cuestión de magia, el eco no es otra cosa que el retorno de las ondas sonoras reflejadas en un obstáculo cualquiera. Se trata de un fenómeno físico, por el cual nuestro oído puede percibir un sonido más de una vez debido a la reflexión de las ondas sonoras. Sin embargo, para que esto suceda, es necesario que entre la fuente del sonido y la superficie que lo refleja haya al menos 17 m (55 ft) de distancia.

Sitios con eco famosos
No es fácil encontrar un sitio donde el eco se escuche claramente. Sin embargo, basta dar un grito en el claro de un bosque para que las paredes que forman los árboles nos devuelvan un eco más o menos claro. Las peñas que forman un círculo en las inmediaciones de Adersbach, en Checoslovaquia, repiten siete sílabas hasta tres veces.

La intensidad de un sonido es la energía de la onda sonora, y se mide en decibelios.

El frente de un bosque, la muralla interna de un castillo, una montaña o cualquier obstáculo capaz de reflejar el sonido puede considerarse como un espejo, en el cual el sonido se refleja de la misma forma que la luz. Si estos espejos sonoros son cóncavos, actúan como reflectores, es decir, concentran los «rayos sonoros» en su foco y los devuelven como eco.

Rapidez del sonido

A diferencia de la luz, el sonido no se transmite en el vacío sino que requieren de un medio para transportarse. En el agua los sonidos se transmiten con mayor rapidez, debido a que en el agua las moléculas están más cerca que en el aire. En las películas del oeste, los asaltantes solían apoyar su oído sobre las vías del ferrocarril para saber si el tren con el botín estaba cerca. El acero es muy buen conductor del sonido porque las vibraciones pasan de una molécula a otra trasladándolo con rapidez.

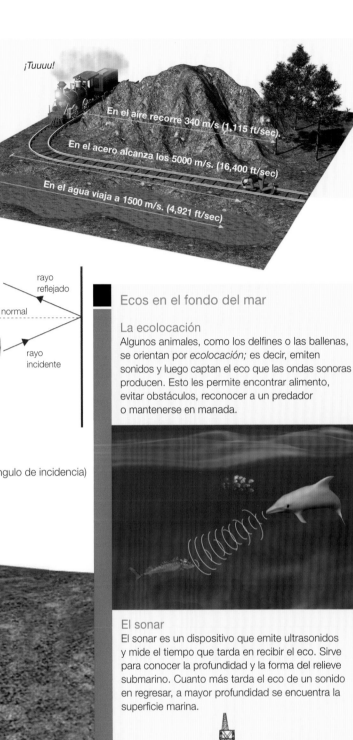

¡Tuuuu!

En el aire recorre 340 m/s (1,115 ft/sec).

En el acero alcanza los 5000 m/s. (16,400 ft/sec)

En el agua viaja a 1500 m/s. (4,921 ft/sec)

Reflexión del sonido

La reflexión es el fenómeno por el cual las ondas sonoras cambian de dirección cuando chocan contra una superficie rígida. En estos casos, el ángulo de incidencia y el de reflexión son iguales.

rayo reflejado

normal

rayo incidente

Ley de reflexión:
r (ángulo de reflexión) = i (ángulo de incidencia)

Conviene situarse lejos del obstáculo, a más de 17 m (55 ft), porque si el sonido no recorre una distancia suficientemente larga, el eco retorna demasiado pronto y se confunde con el sonido mismo.

Eco

Sonido

No todos los sonidos producen el mismo eco. Los sonidos agudos y entrecortados tendrán un eco más claro, por eso las voces femeninas e infantiles son más aptas para la acústica que las masculinas.

Ecos en el fondo del mar

La ecolocación

Algunos animales, como los delfines o las ballenas, se orientan por *ecolocación;* es decir, emiten sonidos y luego captan el eco que las ondas sonoras producen. Esto les permite encontrar alimento, evitar obstáculos, reconocer a un predador o mantenerse en manada.

El sonar

El sonar es un dispositivo que emite ultrasonidos y mide el tiempo que tarda en recibir el eco. Sirve para conocer la profundidad y la forma del relieve submarino. Cuanto más tarda el eco de un sonido en regresar, a mayor profundidad se encuentra la superficie marina.

¿**Por qué** aparece el arco iris?

La luz que nos llega del Sol o de una lámpara eléctrica es conocida como *luz blanca*. Sin embargo, está compuesta por distintos tipos de ondas luminosas. Para poder ver estos colores, es necesario que el haz de luz blanca se descomponga en su espectro de color. Esto sucede cuando la luz pasa a través de un elemento transparente que, como un prisma, refracta cada color de manera diferente, separándolos. Por eso, cuando la luz del sol atraviesa las gotas de lluvia aparece el *arco iris.*

¿Qué son los colores?
Para ver los colores de los objetos es necesario que una luz los ilumine. Los diferentes colores dependen de cómo absorban la luz blanca.

Si el sol asoma mientras está lloviendo, en cada una de las gotitas del agua que cae se forma un arco iris de color.

Vemos las manzanas de color rojo porque las sustancias que componen su cáscara absorben todos los colores pero reflejan solo la porción roja del espectro. Lo mismo ocurre con el color verde que vemos en el prado.

Las piedras nos parecen negras porque sus partículas absorben la luz casi por completo.

Arco iris sin lluvia

No hace falta la lluvia para que podamos ver un arco iris. Muchas veces aparece mientras regamos las plantas o en los bordes biselados de los espejos. También se forman arco iris en los saltos de agua de las cataratas.

La refracción de la luz

En el siglo XVII Isaac Newton fue el primer científico que demostró que la luz blanca podía descomponerse en siete colores. Para ello, realizó una experiencia con un prisma de cristal. Con sus investigaciones demostró que cuando la luz atraviesa un medio transparente, como el agua o un prisma, los colores se producen porque la luz se refracta con ángulos distintos. A este fenómeno lo llamó *refracción de la luz*.

La luz blanca pasa a través del prisma.

La luz se descompone en los colores del arco iris.

Prisma

Cada color sale del prisma con un ángulo diferente.

Cuando el rayo de luz solar pasa a través de cada gota de agua, la luz se descompone en sus siete colores.

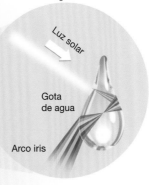

Luz solar

Gota de agua

Arco iris

El *espectro de color* de la luz blanca se compone de siete colores: rojo, naranja, amarillo, verde, azul, añil y violeta.

Un peón para ver el color blanco

Si queremos probar que el color blanco se consigue a partir de todos los colores del espectro de luz, podemos construir un peón. Cuando gire rápidamente, los colores van a desaparecer y se verán como blanco.

Los pétalos de las margaritas nos parecen blancos porque las partículas que los forman reflejan la luz blanca.

Para hacerlo, hay que dibujar un círculo de 10 cm (3.9 in) de diámetro y dividirlo en siete partes iguales (con ángulos de 51°). Luego, pintamos cada parte del círculo con uno de los colores del espectro y, finalmente, lo perforamos en el centro con un lápiz.

¿**Cómo** se formó el suelo?

Hace millones de años, cuando se enfrió su capa superficial, la corteza terrestre era un cascarón de roca de muchos kilómetros de profundidad: la *roca madre.* En la Tierra aún no había vida, pero sí agua y atmósfera. Las precipitaciones, el viento, el movimiento del agua de los ríos y mares, y hasta el surgimiento de la vida modificaron la roca mediante una serie de procesos. Y así, la roca maciza se transformó en la capa de pequeños granitos que en la actualidad conocemos como *suelo.*

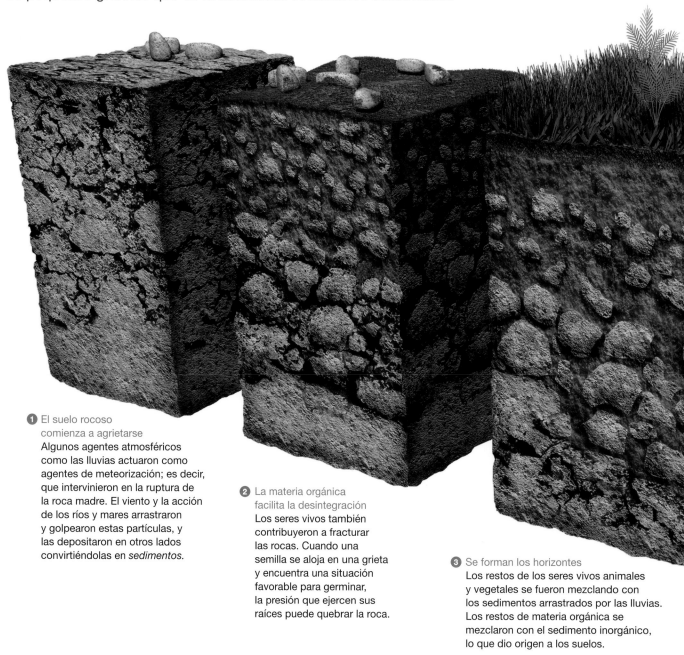

1 El suelo rocoso comienza a agrietarse
Algunos agentes atmosféricos como las lluvias actuaron como agentes de meteorización; es decir, que intervinieron en la ruptura de la roca madre. El viento y la acción de los ríos y mares arrastraron y golpearon estas partículas, y las depositaron en otros lados convirtiéndolas en *sedimentos.*

2 La materia orgánica facilita la desintegración
Los seres vivos también contribuyeron a fracturar las rocas. Cuando una semilla se aloja en una grieta y encuentra una situación favorable para germinar, la presión que ejercen sus raíces puede quebrar la roca.

3 Se forman los horizontes
Los restos de los seres vivos animales y vegetales se fueron mezclando con los sedimentos arrastrados por las lluvias. Los restos de materia orgánica se mezclaron con el sedimento inorgánico, lo que dio origen a los suelos.

4 El suelo fértil puede sustentar una densa vegetación
El *humus* es una capa superficial del suelo, producto de la descomposición de los restos de seres vivos. La formación de estos suelos, también llamados *tierra negra,* puede tardar muchos siglos. La acción de organismos, como las lombrices y otros, que remueven el suelo cuando se desplazan, contribuyó a que entrara agua y aire en el suelo. Esto dio origen a *suelos fértiles,* es decir, adecuados para el crecimiento de las plantas.

¿Cómo puede el agua romper una roca?

El agua de lluvia penetra en las grietas de las rocas. Cuando desciende la temperatura por las noches, el agua se congela.
Al convertirse en hielo, el agua aumenta su volumen y ejerce presión sobre las paredes de la grieta. Así, la paulatina congelación y el deshielo del agua en las grietas producen fracturas en la roca madre.

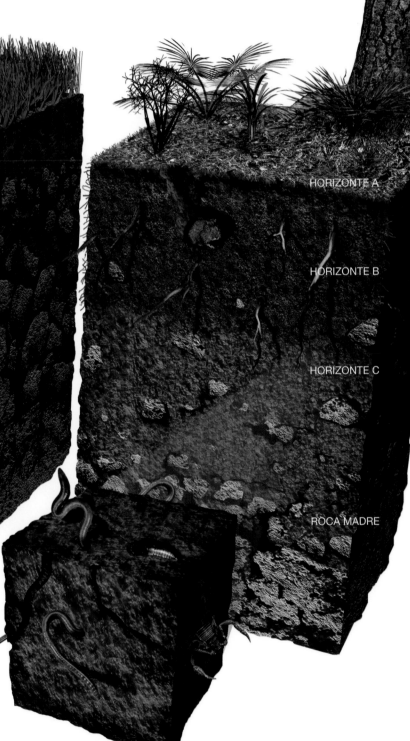

HORIZONTE A

HORIZONTE B

HORIZONTE C

ROCA MADRE

Los sedimentos

Los fragmentos que la erosión arranca a las rocas se denominan *clastos* y se distinguen por su tamaño. La mezcla y la proporción de los sedimentos, sumados a la materia orgánica, le dan al suelo sus características, como la textura y la permeabilidad.

Los sedimentos de grano más pequeño son las arcillas, que están compuestas por granitos de tamaño diminuto que al mezclarse con agua se pueden moldear fácilmente.

Los sedimentos de grano más grande son las arenas, cuyos granitos se ven a simple vista y suelen tener los bordes puntiagudos.

Los horizontes del suelo

Los *horizontes del suelo* son una serie de niveles horizontales que presentan diferentes características. En los suelos maduros se distinguen estos horizontes fundamentales:

- **Horizonte A:** es la capa más superficial, donde se depositan restos orgánicos, como hojas y seres vivos sin descomponer. Su color es oscuro por la abundancia de humus.
- **Horizonte B** o **de transición:** hasta allí llegan las raíces de los árboles y se depositan los materiales arrastrados desde arriba, como la arcilla.
- **Horizonte C** o **subsuelo:** es la parte más alta del material rocoso, entre el suelo y la roca madre.
- **Roca madre:** es la materia prima original que forma los suelos y que no ha sufrido ninguna alteración química o física significativa.

¿**Qué** es la desertización?

Antiguamente se creía que los suelos podían soportar cualquier tipo de actividad humana sin sufrir daños. Pero hoy se sabe que el suelo es muy frágil y que año a año los que son fértiles se deterioran como consecuencia de la explotación humana y de la erosión. Este conjunto de factores llevan a la *desertización,* que es la transformación del suelo fértil en uno improductivo, que ya no permite el crecimiento de las plantas.

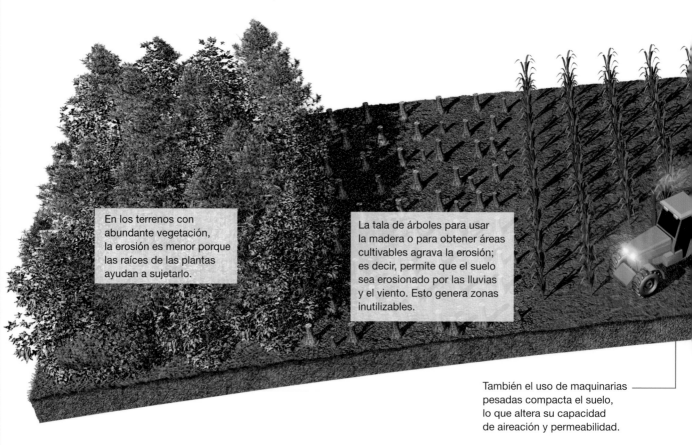

En los terrenos con abundante vegetación, la erosión es menor porque las raíces de las plantas ayudan a sujetarlo.

La tala de árboles para usar la madera o para obtener áreas cultivables agrava la erosión; es decir, permite que el suelo sea erosionado por las lluvias y el viento. Esto genera zonas inutilizables.

También el uso de maquinarias pesadas compacta el suelo, lo que altera su capacidad de aireación y permeabilidad.

Los tiempos del suelo

La degradación de los suelos es grave porque su regeneración es muy lenta. En zonas agrícolas templadas se estima que se requieren cerca de 500 años para regenerar 2,5 cm (0.9 in) de capa humífera. En el caso de los bosques, la composición de sus suelos ha llevado miles de años. En cambio, la desertización avanza a pasos veloces.

El suelo fértil tiene una importante cantidad de humus y mucha vegetación.

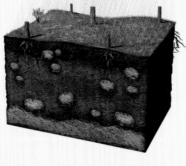

El suelo desprotegido por la deforestación se encuentra más desprotegido frente a agentes atmosféricos, como la lluvia y el viento, que lo erosionan.

La lluvia arrastra parte del manto superior, el viento seca la zona y retira la arena, erosionando el suelo. Esto lo convierte en un suelo pobre, similar al de los desiertos.

El suelo destinado a la alimentación del ganado se deteriora por el pisoteo excesivo de los animales, que lo compactan. El ganado que más lo degenera es el ovino porque se come los brotes nuevos de las hierbas y esto impide que la cubierta protectora vegetal se regenere.

Inundaciones

En las llanuras, los campos que sufren el sobrepastoreo o el uso de maquinaria agrícola pueden verse afectados por inundaciones, debido a que el peso de las maquinarias y el pisoteo de los animales compactan el suelo, impidiendo que el agua se infiltre.

Incendios forestales

El 90% de los incendios forestales son producidos por la acción humana. Y no sólo calcinan los suelos, dejándolos a merced de la erosión, sino que también destruyen todo el ecosistema que crece sobre ellos.

La agricultura intensiva acaba agotando o deteriorando el suelo por las continuas cosechas, y las grandes cantidades de fertilizantes y plaguicidas empleados.

La construcción de canales que transportan el agua de los ríos a veces puede desabastecer a los caudales de estos.

La erosión también se produce por la acción del agua y el viento. Los fuertes vientos pueden transportar pequeñas partículas de piedra a gran velocidad y acaban desgastando la superficie del suelo. El agua de lluvia también arrastra componentes de la capa superior del suelo.

Soluciones a la desertización

Para mantener el suelo cultivable es necesario protegerlo de la erosión. Algunas de las formas utilizadas en la actualidad son las siguientes:

Rotar los cultivos; es decir, no plantar siempre lo mismo sobre el mismo terreno.

Dejar que los restos de los cultivos cosechados o rastrojos se descompongan sobre el suelo antes de volver a sembrar.

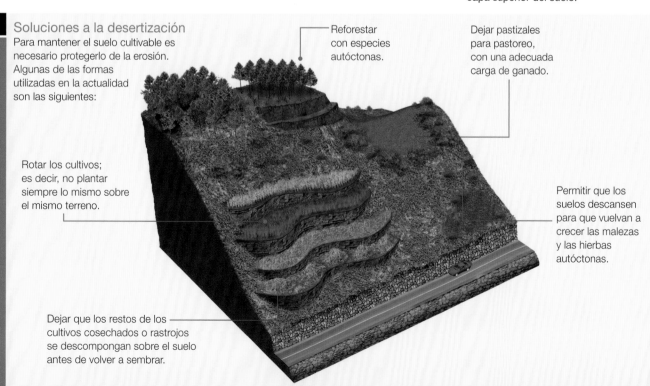

Reforestar con especies autóctonas.

Dejar pastizales para pastoreo, con una adecuada carga de ganado.

Permitir que los suelos descansen para que vuelvan a crecer las malezas y las hierbas autóctonas.

¿**Cómo** se renuevan las rocas?

Aunque las personas no podamos apreciarlo fácilmente, las rocas no siempre son iguales. A medida que pasa el tiempo, se van modificando por acción de procesos geológicos internos y externos que modelan su forma y características, como el vulcanismo, la tectónica de placas y la erosión. En este conjunto de procesos, que se denomina *ciclo de las rocas,* se rompen, se funden, se cristalizan y reorganizan formando diferentes materiales rocosos.

Rocas ígneas o **magmáticas volcánicas:** se generan cuando la lava que sale al exterior por la chimenea de un volcán se endurece rápidamente.

El basalto es una de las rocas volcánicas más comunes.

Rocas ígneas o **magmáticas plutónicas:** se forman cuando el magma se enfría lentamente antes de salir al exterior.

Por su dureza, el granito ha sido utilizado desde la Antigüedad en la construcción.

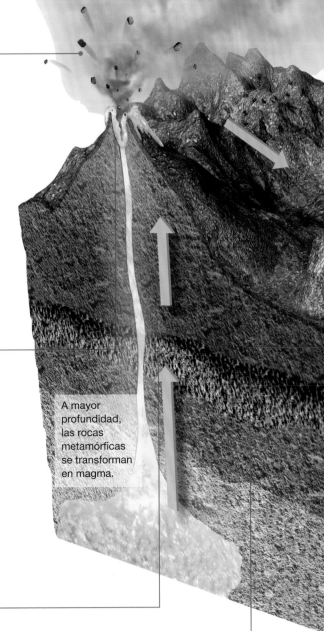

A mayor profundidad, las rocas metamórficas se transforman en magma.

Rocas metamórficas: se forman cuando la presión y la temperatura de las zonas profundas transforman las rocas por la transformación de sus minerales.

El mármol se origina a partir de la transformación de rocas calizas.

Rocas sedimentarias: se forman tras la consolidación de fragmentos de otras rocas.

En el conglomerado se observan tres componentes: grandes trozos de roca (clastos), partículas más pequeñas y un cemento que las une.

¿Qué es la sedimentación?

El proceso de sedimentación consiste en el transporte, a través de agua, de materiales erosionados. La corriente de agua arrastra estos materiales que van depositándose poco a poco en el fondo del mar o en la cuenca de un río.

Fósiles y sedimentos

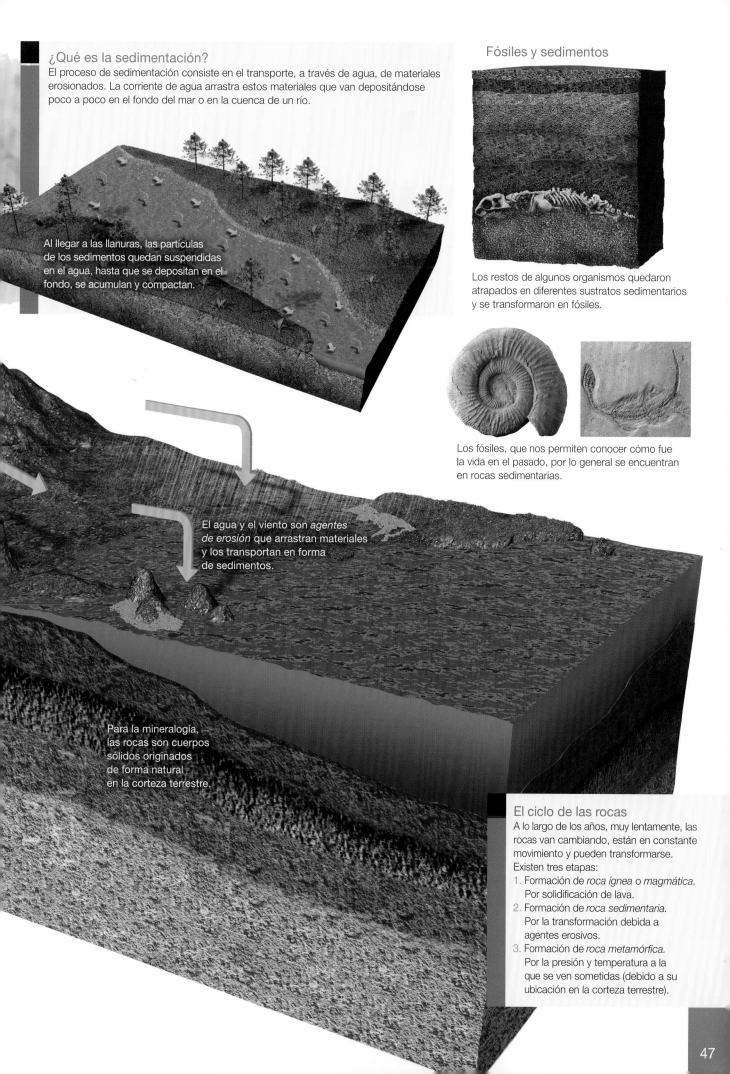

Al llegar a las llanuras, las partículas de los sedimentos quedan suspendidas en el agua, hasta que se depositan en el fondo, se acumulan y compactan.

Los restos de algunos organismos quedaron atrapados en diferentes sustratos sedimentarios y se transformaron en fósiles.

Los fósiles, que nos permiten conocer cómo fue la vida en el pasado, por lo general se encuentran en rocas sedimentarias.

El agua y el viento son *agentes de erosión* que arrastran materiales y los transportan en forma de sedimentos.

Para la mineralogía, las rocas son cuerpos sólidos originados de forma natural en la corteza terrestre.

El ciclo de las rocas

A lo largo de los años, muy lentamente, las rocas van cambiando, están en constante movimiento y pueden transformarse. Existen tres etapas:

1. Formación de *roca ígnea* o *magmática*. Por solidificación de lava.
2. Formación de *roca sedimentaria*. Por la transformación debida a agentes erosivos.
3. Formación de *roca metamórfica*. Por la presión y temperatura a la que se ven sometidas (debido a su ubicación en la corteza terrestre).

¿**Por qué** la Tierra actúa como un imán?

urante muchos siglos, los navegantes cruzaron el mar con sus brújulas sin saber por qué indicaban el Norte. Hoy se sabe que nuestro planeta es un imán gigantesco, debido a que en su interior hay materiales magnéticos, y que, como todos los imanes, tiene dos polos. Cada uno de ellos se encuentra situado muy cerca de uno de los polos geográficos. Esto hace que cada uno de los polos de la Tierra atraiga al polo opuesto de la aguja de la brújula.

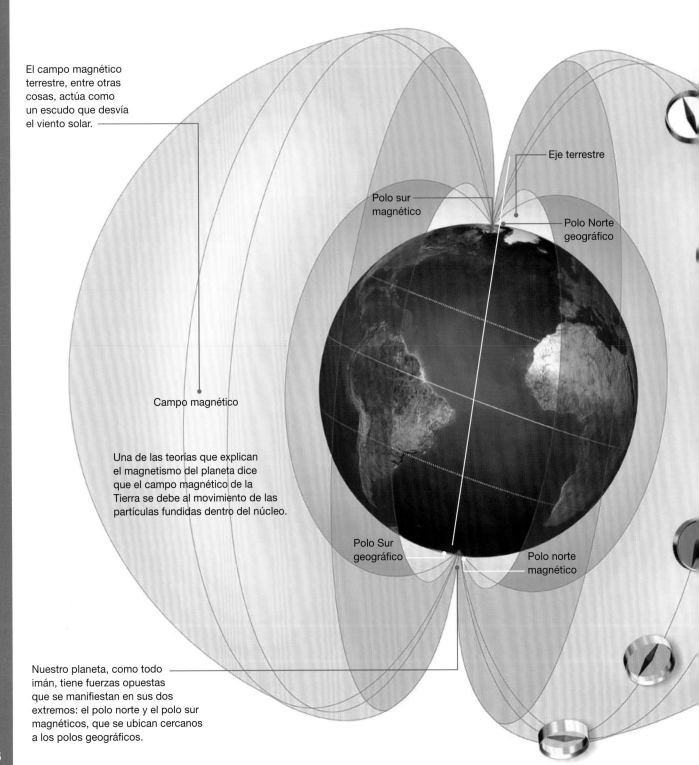

El campo magnético terrestre, entre otras cosas, actúa como un escudo que desvía el viento solar.

Eje terrestre

Polo sur magnético

Polo Norte geográfico

Campo magnético

Una de las teorías que explican el magnetismo del planeta dice que el campo magnético de la Tierra se debe al movimiento de las partículas fundidas dentro del núcleo.

Polo Sur geográfico

Polo norte magnético

Nuestro planeta, como todo imán, tiene fuerzas opuestas que se manifiestan en sus dos extremos: el polo norte y el polo sur magnéticos, que se ubican cercanos a los polos geográficos.

La piedra magnética

La palabra «magnetismo» proviene de la magnetita o piedra imán, una roca compuesta por óxido de hierro que tiene propiedades magnéticas. La roca lleva este nombre desde la Antigüedad, debido a que abundaba en Magnesia, una región asiática.

Inclinación de la
aguja de la brújula

¿Cómo funciona la brújula?

Cuando se acercan dos imanes, el polo sur de uno de ellos es atraído por el polo norte del otro. De la misma manera, el imán de la brújula es atraído por otro gran imán: la Tierra. El imán de la brújula es una aguja que gira con libertad sobre un eje.

Polo norte
magnético

El norte magnético de la brújula se orienta hacia el Norte geográfico porque es atraído por un polo sur magnético.

El sur magnético de la brújula mira hacia el Sur geográfico porque es atraído por un polo norte magnético.

Polo sur magnético

Propiedades de los imanes

Solo algunos materiales metálicos pueden ser atraídos por campos magnéticos e incluso actuar como imanes: el hierro, el acero, el níquel y el cobalto.

Los imanes no atraen ni rechazan objetos hechos de materiales como la madera, el vidrio o el cobre.

Un imán puede convertir en imanes a otros objetos; solo es necesario que estos contengan los metales imantables. Cuando retiramos el imán, el magnetismo entre esos objetos perdura por un tiempo.

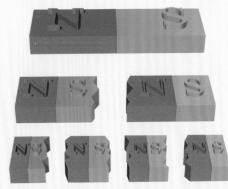

Si rompemos un imán, las cargas vuelven a migrar hacia los polos, actuando de nuevo como imanes.

Los imanes y el magnetismo

Los *imanes* o magnetos actúan sobre ciertos materiales moviéndolos sin tocarlos o adhiriéndose a ellos. Esto sucede porque, en los imanes, las cargas eléctricas se encuentran ordenadas y alineadas creando *campos magnéticos,* y no están desordenadas ni se neutralizan como en el resto de los objetos. Este campo de fuerza es capaz de atraer a los átomos de signo opuesto de otros materiales. El *magnetismo* es la propiedad que tienen los imanes de atraerse o repelerse con otros objetos.
Los imanes tienen dos extremos: el polo norte y el polo sur, hacia los que se dirigen las cargas eléctricas.

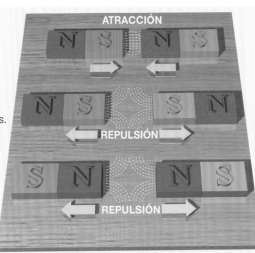

ATRACCIÓN

REPULSIÓN

REPULSIÓN

¿**Qué** son las
auroras polares?

Las auroras polares son un fenómeno atmosférico
luminoso que se observa sobre los polos de nuestro
planeta. Cuando las partículas cargadas de electricidad
que emite el Sol en sus explosiones entran a través del
viento solar y chocan con ciertas moléculas de la atmósfera,
como el oxígeno y el nitrógeno, producen destellos de luz.

Las partículas solares más rápidas
penetran más hondo en nuestra
atmósfera. Si el choque se produce
con oxígeno a unos 150 km (93 mi)
sobre el nivel del mar, las formaciones
se verán de color verde amarillento.

¿Cómo se producen las auroras?

Las partículas procedentes del Sol entran en la atmósfera terrestre sufriendo
una desviación a causa de la fuerza magnética de la Tierra. Estas partículas
se concentran alrededor de los polos magnéticos de la Tierra, el Norte y el Sur,
produciendo el fenómeno luminoso.

Las explosiones en la corona solar
desprenden gran cantidad de energía
en forma de partículas con carga
que componen el viento solar.

El viento solar arrastra partículas más
pequeñas que un átomo, cargadas
eléctricamente: electrones, protones
y partículas alfa. Viaja a una velocidad
de 450 km/s (279 mi/s) (¡rapidísimo!)
y tarda dos días en llegar a la Tierra.

Algunas partículas
se desvían y siguen
su viaje hasta chocar
contra los campos
magnéticos de los
otros planetas
del sistema solar.

Zona de formación
de las auroras, sobre
los polos de la Tierra.

La auroras se producen en la ionosfera,
donde los átomos pierden sus electrones
y se encuentran formando partículas
con carga, llamadas iones, que reaccionan
al chocar con las partículas que arrastra
el viento solar.

El campo magnético
de la Tierra o magnetosfera
se deforma por acción
del viento solar.

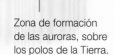

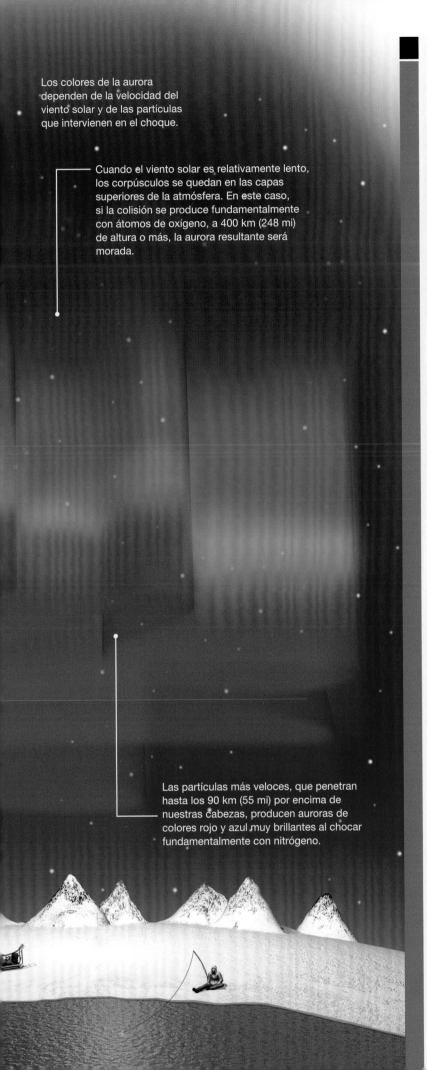

Los colores de la aurora dependen de la velocidad del viento solar y de las partículas que intervienen en el choque.

Cuando el viento solar es relativamente lento, los corpúsculos se quedan en las capas superiores de la atmósfera. En este caso, si la colisión se produce fundamentalmente con átomos de oxígeno, a 400 km (248 mi) de altura o más, la aurora resultante será morada.

Las partículas más veloces, que penetran hasta los 90 km (55 mi) por encima de nuestras cabezas, producen auroras de colores rojo y azul muy brillantes al chocar fundamentalmente con nitrógeno.

Las formas de las auroras

Las auroras pueden mostrarse con diferentes formas: algunas son inmóviles y otras adquieren movilidad y color. A continuación se enumeran sus formas más conocidas.

De arco uniforme: es semejante a la forma de un arco iris, con su borde inferior muy marcado; debajo se ve el cielo oscuro y el punto más alto está en el meridiano magnético.

De arco radiado: los rayos parecen trasladarse a lo largo del arco y aparecen colores cambiantes: rojos, blancos, rosados, violáceos y verdosos.

De corona: el arco iluminado se cierra a veces en forma de círculo muy brillante, con centro en el meridiano magnético.

De bandas: en ellas parece que los arcos se mantuvieran colgados, como si fuesen enormes banderas ondeando en el cielo.

¿**Cuáles** son los climas de la Tierra?

E n nuestro planeta no existiría la vida si no estuviera el Sol, que irradia el calor que todos necesitamos para vivir. Sin embargo, como la Tierra tiene una forma casi esférica, los rayos solares, que viajan rectos y paralelos, no llegan con la misma intensidad a todas sus latitudes. Llegan perpendiculares en las zonas cercanas al ecuador y como líneas oblicuas sobre los polos. Esta particular distribución del calor, la altitud y la circulación de los vientos y de las corrientes marinas dan lugar a los diferentes climas.

Sistema templado
Las precipitaciones aumentan el caudal de los ríos, principales agentes modeladores del relieve. En las marismas de Doñana, en Andalucía, los sedimentos se acumulan en la desembocadura del río Guadalquivir.

Los climas continentales presentan grandes variaciones térmicas entre verano e invierno. Esto se debe a que la Tierra se enfría y calienta muy rápidamente.

Los climas dependen de la latitud a la que se encuentre cada región. La latitud es el ángulo entre un punto de la Tierra y el ecuador terrestre: la latitud en los polos es 90º, y en el ecuador, 0º.

Las zonas ecuatoriales presentan altas temperaturas durante todo el año.

La altura del lugar es un factor que influye en la temperatura, porque el aire se hace más frío a medida que ascendemos.

Sistema semiárido
Para poder sobrevivir, las pocas plantas que crecen en estas zonas acumulan en sus tallos grandes cantidades de agua, como ocurre con los cactos de los desiertos de América del Norte.

Sistema glaciar
Se caracteriza por las bajas temperaturas y se halla tanto en los polos como en zonas de alta montaña. El agente que modela el relieve es el hielo, como sucede en el glaciar Perito Moreno, en Argentina.

CLIMAS CÁLIDOS
- Ecuatorial
- Tropical
- Subtropical

CLIMAS TEMPLADOS
- Oceánico
- De transición
- Continental

CLIMAS FRÍOS
- De altura
- Continental
- Oceánico
- Nival

CLIMAS DESÉRTICOS
- Cálido
- Frío

Sistema periglaciar

Presenta bajas temperaturas, pero en verano el calor derrite el hielo. Las formas del relieve son modeladas por el hielo y por el agua, como en los fiordos noruegos.

Sistema árido

La falta de precipitaciones y el viento modelan estos paisajes inhóspitos donde apenas crecen plantas y escasean las especies animales. En el desierto del Sáhara las dunas de arena son trasladadas por el viento.

Como la intensidad de los rayos solares varía con la latitud, sobre el planeta hay regiones con forma de bandas, llamadas *franjas climáticas:* una fría, una templada y una cálida en cada hemisferio del planeta.

TRÓPICO DE CÁNCER

ECUADOR

TRÓPICO DE CAPRICORNIO

Los lugares cercanos al mar no experimentan grandes diferencias de temperatura entre el invierno y el verano porque el agua se calienta y se enfría mucho más lentamente que el continente y ayuda a moderar la temperatura.

Sistema ecuatorial

Está situado sobre el ecuador y es muy lluvioso y cálido. Si bien se encuentra cubierto de selva, los suelos son pobres cuando la tala los deja expuestos al lavado de la lluvia torrencial, como en la isla de Borneo.

Sistema tropical

Presenta altas temperaturas y precipitaciones, pero se distingue una estación seca. Uno de los ecosistemas característicos es la sabana africana.

¿Por qué hace frío en los polos?

Durante el invierno, los rayos solares llegan tan inclinados que no alcanzan a iluminar el polo. Por eso se habla de la «noche eterna polar»; porque durante los tres meses que dura el invierno el Sol no se asoma por el horizonte.

En las regiones polares, durante el verano, los rayos deben recorrer un largo trayecto antes de llegar al suelo. Como caen de manera oblicua, llegan más difuminados y tienen poco poder calorífico.

En las regiones ecuatoriales, los rayos llegan prácticamente verticales al suelo, recorriendo un trayecto corto, y se concentran sobre una superficie menor. Por eso, el clima es caluroso todo el tiempo.

¿A **qué** se llama
contaminación?

eneralmente, asociamos la contaminación a algunas sustancias químicas peligrosas, por ejemplo, los pesticidas y los gases contaminantes. Sin embargo, también hay agentes biológicos (los microorganismos), o agentes físicos (el ruido), que pueden ser contaminantes. La contaminación se define como la presencia en el ambiente de cualquier agente químico, físico o biológico que, en determinadas concentraciones, puede ser nocivo para la salud de la población o perjudicial para la vida animal o vegetal.

Esta contaminación no solo se produce por accidentes nucleares como el de Chernobyl, o por la explosión de una bomba atómica como la de Hiroshima. La producción de energía nuclear crea desechos que son muy difíciles de tratar y sumamente peligrosos porque son radiactivos.

La concentración de contaminantes

La contaminación suele asociarse con la presencia de elementos que no están en el ambiente en forma natural; sin embargo, muchas de esas sustancias se encuentran en la naturaleza y se vuelven nocivas para la salud cuanto más concentradas estén. El grado de concentración de un contaminante aumenta la capacidad de perjudicar al ambiente.

El ruido de las ciudades amenaza la calidad de vida de las personas y atenta contra su salud provocando estrés y otras enfermedades.

En estos dados, las unidades de contaminante son iguales; pero en el segundo caso están repartidas en un espacio mayor. La concentración, entonces, es mayor en el primer dado.

Entre estos dados, el espacio es el mismo pero hay diferentes cantidades de contaminantes. En el último dado, la concentración de contaminantes es mayor.

CONTAMINACIÓN
ACÚSTICA

Una pila de contaminantes

Cuando una pila alcalina pierde su cubierta protectora, libera metales nocivos para el ecosistema y la salud de los seres humanos, como el mercurio y el cadmio. Una pila alcalina puede contaminar 175 000 litros de agua. Por eso, siempre es conveniente utilizar pilas recargables o «libres de mercurio».

0% Mercurio **Alkalina**

Cuando los residuos domiciliarios e industriales se vierten en las fuentes de agua, las contaminan, por eso es necesario depurarlas.

CONTAMINACIÓN
DEL AGUA

Los problemas en la vida cotidiana

Algunos contaminantes, como los plaguicidas o el DDT, son sustancias muy estables, y por eso no se degradan y permanecen en la naturaleza por largos períodos de tiempo. Son peligrosos porque se incorporan a la cadena alimentaria, y pueden provocar la muerte de seres vivos y problemas de salud a las personas. La mayoría de los productos plásticos que hoy usamos, como son derivados del petróleo, tardarán más de 200 años en degradarse. Siempre es conveniente reciclar, reutilizar y reducir el uso de recipientes plásticos.

Un vertido de petróleo en el mar provoca la llamada «marea negra», que impide la oxigenación y que la luz llegue a las algas, por lo que no pueden realizar la fotosíntesis. También intoxica aves acuáticas, peces y moluscos.

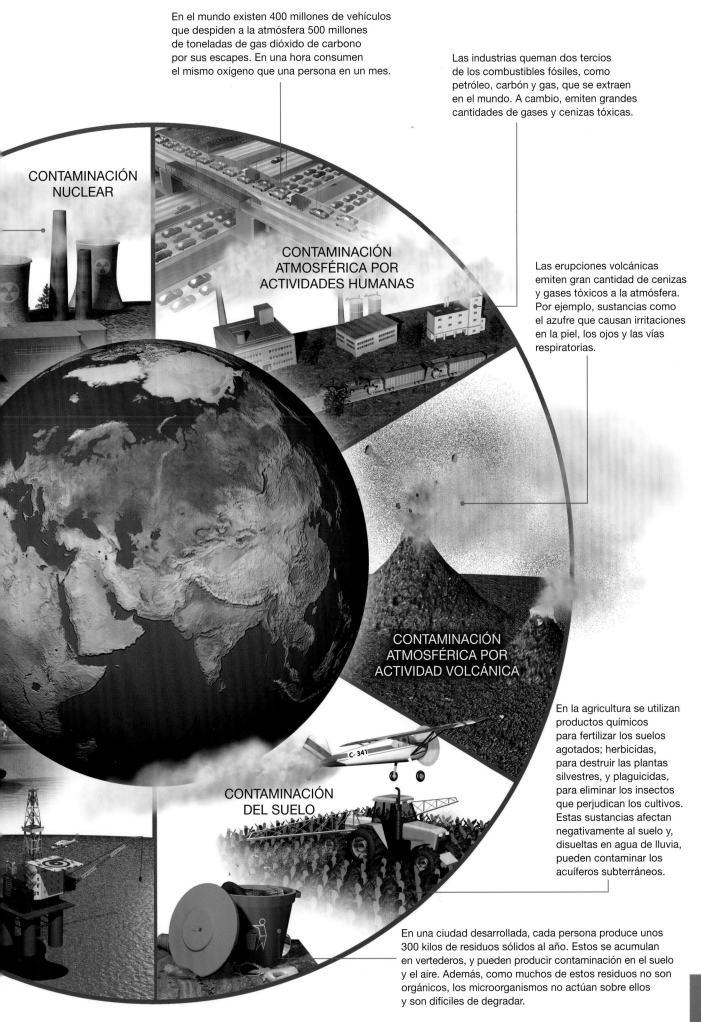

En el mundo existen 400 millones de vehículos que despiden a la atmósfera 500 millones de toneladas de gas dióxido de carbono por sus escapes. En una hora consumen el mismo oxígeno que una persona en un mes.

Las industrias queman dos tercios de los combustibles fósiles, como petróleo, carbón y gas, que se extraen en el mundo. A cambio, emiten grandes cantidades de gases y cenizas tóxicas.

CONTAMINACIÓN NUCLEAR

CONTAMINACIÓN ATMOSFÉRICA POR ACTIVIDADES HUMANAS

Las erupciones volcánicas emiten gran cantidad de cenizas y gases tóxicos a la atmósfera. Por ejemplo, sustancias como el azufre que causan irritaciones en la piel, los ojos y las vías respiratorias.

CONTAMINACIÓN ATMOSFÉRICA POR ACTIVIDAD VOLCÁNICA

En la agricultura se utilizan productos químicos para fertilizar los suelos agotados; herbicidas, para destruir las plantas silvestres, y plaguicidas, para eliminar los insectos que perjudican los cultivos. Estas sustancias afectan negativamente al suelo y, disueltas en agua de lluvia, pueden contaminar los acuíferos subterráneos.

CONTAMINACIÓN DEL SUELO

En una ciudad desarrollada, cada persona produce unos 300 kilos de residuos sólidos al año. Estos se acumulan en vertederos, y pueden producir contaminación en el suelo y el aire. Además, como muchos de estos residuos no son orgánicos, los microorganismos no actúan sobre ellos y son difíciles de degradar.

¿**Qué** son el efecto invernadero y el calentamiento global?

Además del oxígeno que necesitamos para respirar, el aire de la atmósfera contiene otros gases. Entre ellos, el dióxido de carbono que impide, mediante un proceso conocido como *efecto invernadero,* que el calor del Sol se escape hacia el espacio. Desde el comienzo de la era industrial se observa un incremento de la temperatura media de la atmósfera terrestre como consecuencia del aumento de la proporción de los gases invernadero en la atmósfera. Este fenómeno negativo se conoce como *calentamiento global.*

Estratosfera

Troposfera

El *efecto invernadero* es un fenómeno natural y beneficioso para la vida del planeta, ya que de no ser por él la temperatura de la Tierra sería de 18 °C (64 °F) bajo cero.

Una parte de la radiación solar es absorbida por la superficie de la Tierra y otra parte se refleja.

Algunos gases como el dióxido de carbono (CO_2), el metano y el vapor de agua son llamados *gases de efecto invernadero,* pues atrapan el calor del sol en las capas inferiores de la atmósfera. Sin ellos, nuestro planeta se congelaría y nada podría vivir en él.

Atmósfera

ENERGÍA SOLAR

Como ocurre en un invernadero, la radiación del sol calienta el aire que hay dentro del lugar, y el cristal o el plástico que lo recubre no deja que el calor salga. En la Tierra, la función de la cubierta aislante la cumplen el dióxido de carbono y otros gases invernadero, como el metano o los óxidos de nitrógeno.

Los gases invernadero retienen gran parte del calor reflejado.

El calentamiento global también ocasionará que se evapore más agua de los océanos. El vapor de agua, a su vez, actúa como gas invernadero, lo que genera un mayor calentamiento y un «efecto amplificador».

El resto del calor sale hacia el espacio.

Capa de ozono

Los gases de efecto invernadero

Óxido nitroso: 7%

Metano: 14%

CFC: 23%

CO_2 : 56%

Principales gases de efecto invernadero y su contribución al calentamiento global.

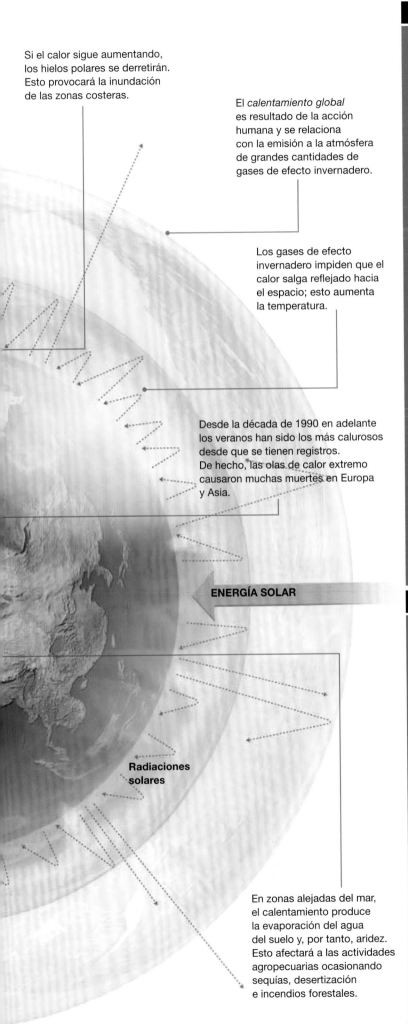

Si el calor sigue aumentando, los hielos polares se derretirán. Esto provocará la inundación de las zonas costeras.

El *calentamiento global* es resultado de la acción humana y se relaciona con la emisión a la atmósfera de grandes cantidades de gases de efecto invernadero.

Los gases de efecto invernadero impiden que el calor salga reflejado hacia el espacio; esto aumenta la temperatura.

Desde la década de 1990 en adelante los veranos han sido los más calurosos desde que se tienen registros. De hecho, las olas de calor extremo causaron muchas muertes en Europa y Asia.

ENERGÍA SOLAR

Radiaciones solares

En zonas alejadas del mar, el calentamiento produce la evaporación del agua del suelo y, por tanto, aridez. Esto afectará a las actividades agropecuarias ocasionando sequías, desertización e incendios forestales.

Principales fuentes de emisión de gases de efecto invernadero

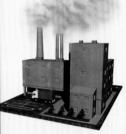

Plantas termoeléctricas. Generan energía eléctrica a base de carbón. Emiten 2,5 millones de toneladas de CO_2 al año.

Industrias plásticas, quema de combustibles. Producen óxido nitroso, cuyo poder es tres veces mayor que el del CO_2 y se combina para crear la lluvia ácida.

Ganadería y agricultura intensivas. Producen la descomposición de la materia orgánica en metano que, como gas de invernadero, es 58 veces más potente que el CO_2.

Aerosoles, espumas y refrigeración. Generan clorofluorocarburos (CFC), cuyo poder invernadero es miles de veces mayor que el del CO_2, y participan en la expansión del agujero de ozono.

Vehículos. Funcionan mediante la quema de combustibles fósiles. Emiten 1,5 millones de toneladas de CO_2 al año.

La fotosíntesis contra el calentamiento global

Los vegetales aprovechan el gas dióxido de carbono, la energía solar y el agua para crear su propio alimento a partir de un proceso llamado *fotosíntesis*. Esta transformación química es altamente beneficiosa, ya que no solo produce glucosa, el alimento que permite que las plantas crezcan, sino también el gas oxígeno que necesitamos para respirar.

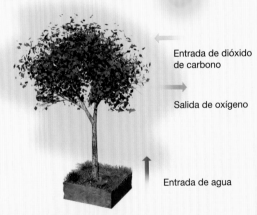

Entrada de dióxido de carbono

Salida de oxígeno

Entrada de agua

La *tala indiscriminada* de árboles incrementa el calentamiento global. Al haber millones de árboles menos, una gran proporción de dióxido de carbono queda en la atmósfera sin ser utilizada para realizar la fotosíntesis.

¿**Cómo** se destruye la capa de ozono?

Una de las funciones de la atmósfera terrestre es protegernos de la fuerte exposición a los rayos solares. La capa de gas ozono es una cubierta natural que filtra los rayos ultravioleta (UV) que provienen del Sol y que, si llegaran a pasar en altas proporciones, podrían causar importantes daños a la vida. Desde hace algunos años, los científicos han observado una disminución de la capa de ozono debido a la acción humana, ya que este gas se combina con los químicos de los aerosoles y los equipos de refrigeración, conocidos como clorofluorocarbonos (CFC).

Números para prevenirnos

La capa de ozono filtra solo una parte de los rayos ultravioleta (UV) que emite el Sol. El resto llega a la superficie terrestre con mayor virulencia entre las 10 y las 16 horas. Para poder protegernos, siempre es conveniente el uso de protector solar y tener en cuenta los siguientes números.

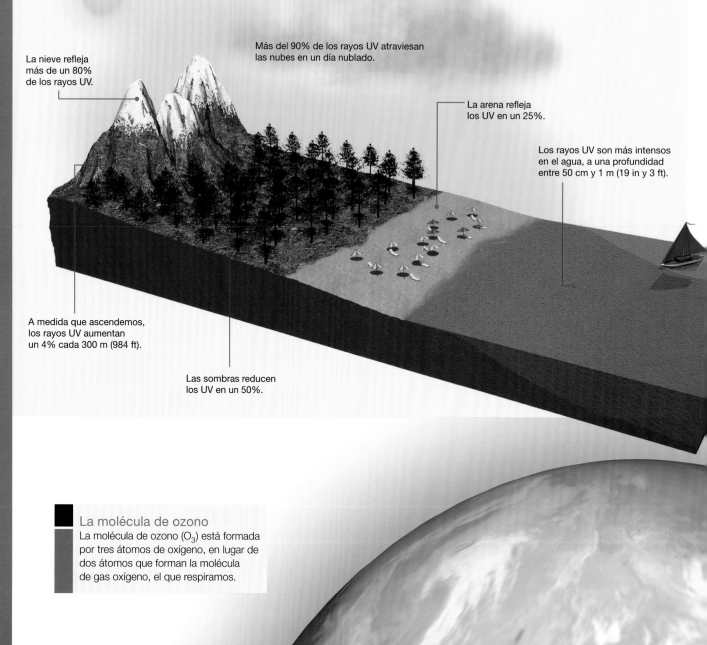

La nieve refleja más de un 80% de los rayos UV.

Más del 90% de los rayos UV atraviesan las nubes en un día nublado.

La arena refleja los UV en un 25%.

Los rayos UV son más intensos en el agua, a una profundidad entre 50 cm y 1 m (19 in y 3 ft).

A medida que ascendemos, los rayos UV aumentan un 4% cada 300 m (984 ft).

Las sombras reducen los UV en un 50%.

La molécula de ozono
La molécula de ozono (O_3) está formada por tres átomos de oxígeno, en lugar de dos átomos que forman la molécula de gas oxígeno, el que respiramos.

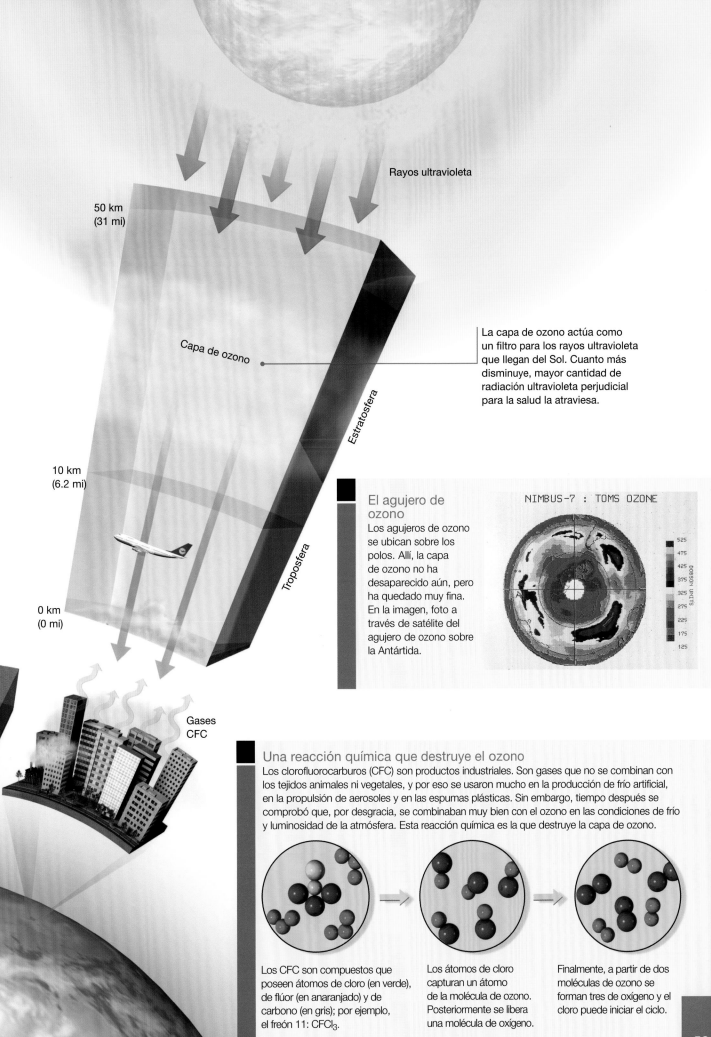

Rayos ultravioleta

50 km
(31 mi)

Capa de ozono

La capa de ozono actúa como un filtro para los rayos ultravioleta que llegan del Sol. Cuanto más disminuye, mayor cantidad de radiación ultravioleta perjudicial para la salud la atraviesa.

Estratosfera

10 km
(6.2 mi)

Troposfera

0 km
(0 mi)

Gases CFC

El agujero de ozono

Los agujeros de ozono se ubican sobre los polos. Allí, la capa de ozono no ha desaparecido aún, pero ha quedado muy fina. En la imagen, foto a través de satélite del agujero de ozono sobre la Antártida.

NIMBUS-7 : TOMS OZONE

DOBSON UNITS

525
475
425
375
325
275
225
175
125

Una reacción química que destruye el ozono

Los clorofluorocarburos (CFC) son productos industriales. Son gases que no se combinan con los tejidos animales ni vegetales, y por eso se usaron mucho en la producción de frío artificial, en la propulsión de aerosoles y en las espumas plásticas. Sin embargo, tiempo después se comprobó que, por desgracia, se combinaban muy bien con el ozono en las condiciones de frío y luminosidad de la atmósfera. Esta reacción química es la que destruye la capa de ozono.

Los CFC son compuestos que poseen átomos de cloro (en verde), de flúor (en anaranjado) y de carbono (en gris); por ejemplo, el freón 11: $CFCl_3$.

Los átomos de cloro capturan un átomo de la molécula de ozono. Posteriormente se libera una molécula de oxígeno.

Finalmente, a partir de dos moléculas de ozono se forman tres de oxígeno y el cloro puede iniciar el ciclo.

¿**Cómo** se produce la lluvia ácida?

Al igual que el agujero de ozono, la lluvia ácida es un caso de contaminación extrema. Los gases emanados por el humo de las fábricas, los escapes de los automóviles y los fertilizantes sintéticos son arrastrados por el viento hacia las nubes. Allí se combinan con el agua y forman ácidos como el sulfúrico y el nítrico. Cuando llueve, grandes cantidades de estos ácidos caen sobre el planeta, contaminando lagos y ríos y dañando a los seres vivos e incluso a las ciudades.

Los gases contaminantes ascienden a la troposfera y, ayudados por la radiación solar, se combinan con el agua de las nubes.

Radiación solar

Humo de las fábricas

Escapes de los automóviles

¿Qué es el pH?

El agua en estado puro es neutra; es decir, no tiene cargas positivas ni negativas. Las sustancias ácidas presentan mayor proporción de cargas negativas, y las sustancias alcalinas, mayoría de cargas positivas. Para medir lo ácida que es una sustancia, los químicos elaboraron la escala de pH.

+ ÁCIDO

NEUTRO

+ ALCALINO

0	
1	ÁCIDO DE BATERÍA
2	JUGO DE LIMÓN
3	VINAGRE — MUERTE DE PECES ADULTOS
4	HUEVOS DE PECES AFECTADOS
5	
6	PRECIPITACIONES NORMALES
7	LECHE
	AGUA CORRIENTE
8	
	AGUA DE MAR
9	
10	
11	
12	
13	
14	

LLUVIA ÁCIDA

El hemisferio norte acidificado

Actualmente pueden llegar a caer sobre el nordeste de Europa y en el área este de Canadá y Estados Unidos precipitaciones que son consideradas ácidas, con valores de pH de 4,1 a 4,3 (e incluso menores). La lluvia más ácida registrada en Europa corresponde a Escocia, con un valor de pH de 2,4.

Daños en los bosques

Los compuestos químicos que caen con la lluvia debilitan los árboles. Además, las lluvias ácidas degradan los suelos matando los microorganismos esenciales para la vida de las plantas. Así, poco a poco, el bosque queda expuesto a enfermedades.

La lluvia ácida contaminó un bosque completo, que se halla próximo a una industria siderúrgica en Eslovaquia.

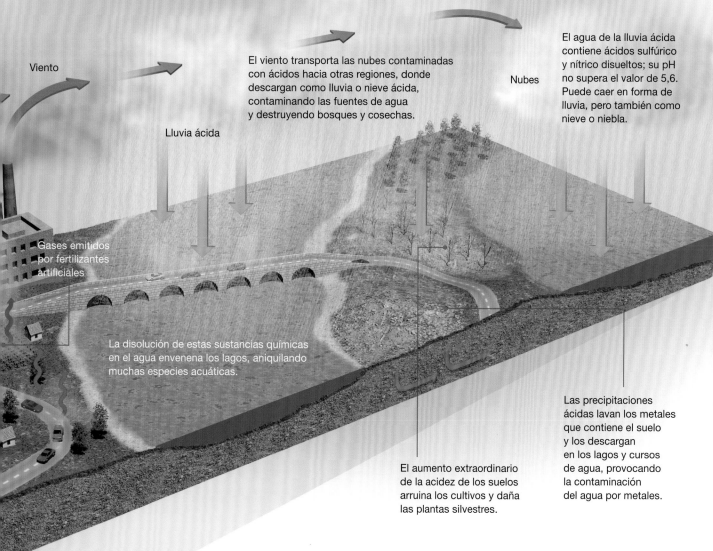

Viento

El viento transporta las nubes contaminadas con ácidos hacia otras regiones, donde descargan como lluvia o nieve ácida, contaminando las fuentes de agua y destruyendo bosques y cosechas.

Lluvia ácida

Nubes

El agua de la lluvia ácida contiene ácidos sulfúrico y nítrico disueltos; su pH no supera el valor de 5,6. Puede caer en forma de lluvia, pero también como nieve o niebla.

Gases emitidos por fertilizantes artificiales

La disolución de estas sustancias químicas en el agua envenena los lagos, aniquilando muchas especies acuáticas.

Las precipitaciones ácidas lavan los metales que contiene el suelo y los descargan en los lagos y cursos de agua, provocando la contaminación del agua por metales.

El aumento extraordinario de la acidez de los suelos arruina los cultivos y daña las plantas silvestres.

■ Para prevenir y remediar los daños

Los científicos elaboran estrategias para reducir y solucionar los daños que la lluvia ácida ha ocasionado en algunas regiones.

1. Reducir las emisiones de los automóviles

La combustión de los motores genera óxidos de nitrógeno. Para evitarlos, en los escapes de los automóviles se pueden colocar catalizadores, capaces de «limpiar» estas emisiones contaminantes; aunque no eliminan el plomo ni las partículas carbonosas.

2. Disminuir la velocidad al conducir

Un automóvil a 112 km/h (69 m/h) libera 0,11% de óxidos de nitrógeno. Si viaja a 48 km/h (29 m/h), la emisión se reduce al 0,03%.

3. Controlar las emisiones de las chimeneas

Las industrias que queman carbón generan dióxido de azufre. Para reducir estos gases, se colocan filtros en las chimeneas o bien se lava el carbón para eliminar el azufre antes de quemarlo.

4. Neutralizar los lagos

De los miles de lagos que hay en Suecia, un 25% están acidificados. Para neutralizarlos y volverlos productivos nuevamente, se usan helicópteros que lanzan al agua grandes cantidades de piedra caliza.

El Abecé Visual de
LA TIERRA

El Abecé Visual de
ANIMALES SALVAJES

El Abecé Visual de
LOS INVENTOS QUE CAMBIARON EL MUNDO 1

El Abecé Visual de
MEDIOS DE TRANSPORTE

El Abecé Visual de
EL UNIVERSO

El Abecé Visual de
EL UNIVERSO

El Abecé Visual de
LOS INVENTOS QUE CAMBIARON EL MUNDO 1

El Abecé Visual de
LA HISTORIA

LE PENSEVR

El Abecé Visual de
PLANTAS Y FLORES

El Abecé Visual de
INSECTOS

El Abecé Visual de
PAÍSES, RELIGIONES Y CULTURAS DEL MUNDO

El Abecé Visual de
MITOS Y LEYENDAS UNIVERSALES

El Abecé Visual de
BOSQUES, SELVAS, MONTAÑAS Y DESIERTOS

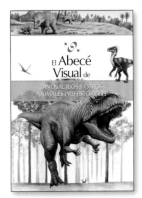

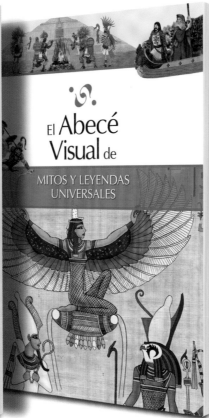

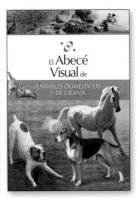